中等职业教育会计专业课程改革规划新教材

审计基础与实务

主　编　江　薇

副主编　李凤宾　贾晓娟　赵　敏

参　编　孙忠良　吴有民　马祥山　李凤云

主　审　彭纯宪

机械工业出版社

本书根据中职学生的实际和培养目标编写，立足于职业能力培养，对传统教材的一些内容进行了简化和改进，舍弃了学习难度大、理论阐述多和在中小企业不实用的内容，使之更适合我国中小型企业应用，也适合中职学生学习。

本书以实际工作业务流程为依据，主要内容包括：初识审计、审计的基本方法、货币资金审计、购货与付款循环审计、生产与服务循环审计、销售与收款循环审计、筹资与投资循环审计和审计报告八个项目。本书按项目式教学要求编写，采用案例式讲解，附录中还配有习题集，让学生主动参与到教学活动中来。

本书可供中等职业学校会计、金融事务等专业学生使用，也可作为初级会计专业人员、初级审计人员、在职员工的短期培训教材和自学用书。

图书在版编目（CIP）数据

审计基础与实务/江薇主编．—北京：机械工业出版社，2012.8（2020.1 重印）

中等职业教育会计专业课程改革规划新教材

ISBN 978-7-111-39637-6

Ⅰ．①审…　Ⅱ．①江…　Ⅲ．①审计学—中等专业学校—教材　Ⅳ．①F239.0

中国版本图书馆 CIP 数据核字（2012）第 207978 号

机械工业出版社（北京市百万庄大街 22 号　邮政编码 100037）

策划编辑：宋　华　　责任编辑：李　兴

责任校对：于新华　　责任印制：常天培

北京捷迅佳彩印刷有限公司印刷

2020 年 1 月第 1 版第 2 次印刷

184mm×260mm・11.25 印张・271 千字

标准书号：ISBN 978-7-111-39637-6

定价：35.00 元

电话服务	网络服务
客服电话：010-88361066	机　工　官　网：www.cmpbook.com
010-88379833	机　工　官　博：weibo.com/cmp1952
010-68326294	金　　书　　网：www.golden-book.com
封底无防伪标均为盗版	机工教育服务网：www.cmpedu.com

前　言

1. 编写指导思想

本书按照中职教学改革的要求，本着中职生学得懂、用得上的原则，对传统教材内容进行了较大幅度的修改。舍弃了理论性强、学习难度大、在小企业实用性不大的内容，对传统教材的一些内容进行了简化和改进，使之更适合我国国情，也更适合中职生学习。

2. 结构特点

本书根据实际审计业务的工作内容按照项目式教学要求编写，每个项目配有案例讨论或案例分析，其目的是让学生参与到案例讨论和分析中，培养学生分析、解决问题的能力。全书分为初识审计、审计的基本方法、货币资金审计、购货与付款循环审计、生产与服务循环审计、销售与收款循环审计、筹资与投资循环审计和审计报告八个项目。本书附录中还配有习题集便于授课和学习使用。

本书建议理论课时为56，实训课时为12，并增加4课时为机动课时，总课时为72课时。具体分配如下（供参考）：

项　目	内　容	理论课时	实训课时	课时合计
项目一	初识审计	8	—	8
项目二	审计的基本方法	8	2	10
项目三	货币资金审计	4	2	6
项目四	购货与付款循环审计	8	2	10
项目五	生产与服务循环审计	8	2	10
项目六	销售与收款循环审计	8	2	10
项目七	筹资与投资循环审计	4	—	4
项目八	审计报告	8	2	10
机　动		—	—	4
合　计		56	12	72

本书由江薇任主编，李凤宾、贾晓娟、赵敏任副主编，彭纯宪任主审。具体编写分工如下：江薇、吴有民编写了项目一；江薇、孙忠良编写了项目二；李凤宾编写了项目三；赵敏、马祥山编写了项目四、五；贾晓娟、李凤云编写了项目六、七；李凤宾编写了项目八并制作了助教课件。

本书编写得到了彭纯宪校长的悉心指导，并对书稿进行了审阅，在此表示衷心感谢。

为方便教师教学和学生自主学习，本书还提供网络学习资源，读者可以登录机械工业出版社教材服务网（http://www.cmpedu.com）免费下载助教课件、参考答案等。欢迎广大教师加入中职会计专业交流群（QQ群：124688614），分享教学资源和交流教学经验。

由于作者水平有限，书中难免存在缺点和疏漏之处，敬请读者批评指正。

编　者

目 录

项目一　初识审计

项目导航

学习目标

- 掌握审计的概念与职能
- 了解审计的性质
- 理解审计准则及审计依据
- 知悉审计人员的职业道德和从业要求

具体任务

任务一　了解审计概念与职能
任务二　掌握审计准则及审计依据
任务三　知悉审计人员职业道德和从业要求

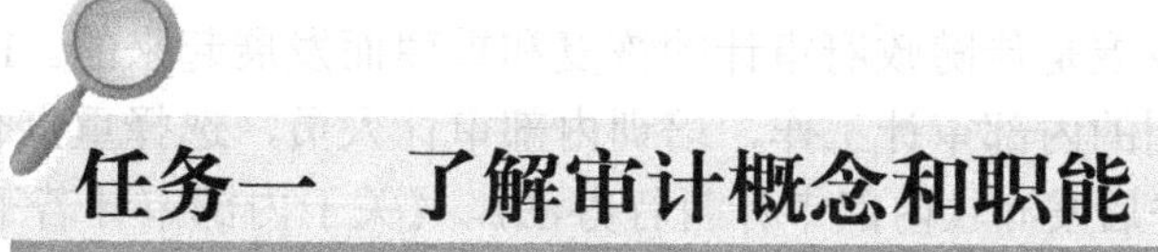

任务一　了解审计概念和职能

任务要求

1. 了解审计的产生与概念
2. 知晓审计的性质与职能
3. 了解审计的种类

知识储备

什么是审计？审计就是审查会计？审计人员就是审查财会人员的？

在实际工作中，很多人把审计工作简单地理解为查账。其实这是不准确的，查账只是审计的一部分，并没有涉及审计的本质。查账仅是取得审计证据的一种方法，不是审计的全部。那么到底什么是审计呢？审计究竟是做什么的呢？

一、审计的产生与发展

审计是一种社会经济监督活动，作为一种经济现象已成为人们的共识，但它绝不是主观产生的，而是社会生产力发展到一定阶段的必然产物。

1. 国家（政府）审计的发展历程

我国国家（政府）审计的发展经历了一个漫长的历程，大致可分为6个阶段：西周初期形成阶段、秦汉时期最终确立阶段、隋唐至宋代日臻健全阶段、元明清停滞不前阶段、中华民国不断演进阶段、新中国振兴阶段。

新中国成立后的一段时期内，我国没有设立独立的专职的审计机构，基本上以会计检查和财政、银行、税务等专业经济监督方式替代审计监督。1982年修订的《中华人民共和国宪法》规定实行国家审计监督制度，1983年9月成立国家审计署，县以上各级人民政府也先后成立审计机关，1985年8月发布《国务院关于审计工作的暂行规定》，1988年11月颁发《中华人民共和国审计条例》。1995年1月1日起，《中华人民共和国审计法》（以下简称《审计法》）开始实施，对我国政府审计机关的职责和权限做出了明确规定，从而在法律上确立了政府审计的地位。近年来，国务院、审计署依据《审计法》的基本精神适时地发布和实施了相关的准则、规定、办法等，为我国政府审计的进一步发展奠定了良好的基础。随着我国经济体制改革的逐步深入，政府审计工作的制度化、规范化、法制化程度也必将得到进一步加强。

2. 内部审计的发展历程

我国内部审计的发展是伴随政府审计的恢复和重建而发展起来的。1983年，新成立的国家审计署开始筹划我国的内部审计工作，培训内部审计人员，选择重点企业进行试点。1985年，国务院和审计署先后发布《内部审计暂行办法》、《关于内部审计若干规定》。自此，我国的部门内部审计与企业内部审计机构相继组建，内部审计事业得以快速发展。

1987年4月，中国内部审计协会成立，同年12月加入国际内部审计师协会。1995年7月审计署颁布《关于内部审计工作的规定》，明确了我国内部审计的任务、职责、权限、机构设置、审计范围、审计程序及职业道德标准等，进一步规范了我国的内部审计工作。中国内部审计协会从2000年初即开始着手制定发布中国内部审计准则与内部审计人员职业道德规范。2003年6月起，我国正式施行《内部审计基本准则》等在内的内部审计准则体系。随着这一内部审计准则体系的不断健全、完善，明确了我国内部审计机构和人员的责任，促使内部审计机构和人员按统一准则开展工作，保障内部审计机构和人员依法行使职权，在保证内部审计质量，提高内部审计效率，防范审计风险等方面都产生着积极影响。

3. 注册会计师审计的发展历程

1980年12月14日，财政部颁布的《中华人民共和国中外合资经营企业所得税法实施细则》规定了外资企业财务报表由注册会计师进行审计，这为恢复我国注册会计师制度提供了法律依据。1980年12月23日，财政部发布《关于成立会计顾问处的暂行规定》，标志着我国注册会计师职业的复苏。1981年1月1日，新中国第一家会计师事务所——上海会计师事务所成立。1984 年 9 月 25 日，财政部印发《关于成立会计咨询机构问题的通知》，明确了注册会计师应该办理的业务。1985 年开始实施的《中华人民共和国会计法》规定："经国务院财政部门批准组成会计师事务所，可按照国家有关规定承办查账业务。"1986 年 7 月 3 日，国务院颁布新中国第一部注册会计师法规——《中华人民共和国注册会计师条例》，同年 10 月 1 日起实施。1988 年 11 月 15 日，财政部领导下的中国注册会计师协会正式成立。1991 年，恢复全国注册会计师统一考试。1993 年 10 月 31 日，八届人大常委会第四次会议审议通过新中国第一部注册会计师法律——《中华人民共和国注册会计师法》，于 1994 年 1 月 1 日起实施。1995 年 12 月，我国正式颁布第一批独立审计准则，并于 1996 年 1 月 1 日起开始实施。1999 年 2 月，发布第三批独立审计准则，并于 1999 年 7 月 1 日起开始实施。2006 年 2 月 15 日，财政部发布了由中国注册会计师协会拟定、修改的 48 个中国注册会计师执业准则，并于 2007 年 1 月 1 日起实施。

二、审计的概念

审计过程就是一种控制过程。

1. 审计的含义

审计是由专职的机构和人员，依照有关法律法规对被审计单位的财政收支、有关经济活动及会计资料的真实性、合法性和效益性等进行审查和鉴证，以确定或解除其经济责任，用以维护财经法纪，改善经营管理，提高经济效益，促进宏观调控的独立性经济监督活动。

从上述概念中可归纳出以下几个要点。

（1）审计的主体是专职的审计机构和人员。

（2）审计的客体（审计对象）是被审计单位的财政、财务收入及有关的经济活动，以及提供这些经济活动信息的载体——会计资料和其他有关资料。

（3）审计的依据是法律，包括法律、法规和法则等。

（4）审计的着眼点是被审计单位财政、财务收支及有关经济活动的真实性、合法性和效益性。

（5）审计的目的是通过查错揭弊来维护财经法纪，改善经营管理，提高经济效益，促进宏观调控。

（6）审计的性质是一项具有独立性的经济监督活动。

2. 审计关系人

审计关系人是指审计活动中所涉及的审计主体、审计客体和审计授权或委托人之间的责任关系。

审计主体是指审计机构和审计人员，审计客体是指被审计单位，审计授权或委托人是指财产所有者。

审计关系人必须由审计主体、审计客体和审计授权或委托人三方构成，缺一不可。审计主体称为第一关系人，是指审计人，即执行审计的审计机构和审计人员。审计客体称为第二关系人，是指被审计人，一般为财产的代管者或经营者。审计授权或委托人称为第三关系人，一般是财产的所有者。

内部审计的授权或委托人是董事会或管理当局，被审计人员是内部其他各职能部门，审计人员是内部审计机构及其人员。

在审计过程中，审计人员如有审计处理权，就可以对审计过程中发现的问题直接实施反馈纠偏，其控制作用表现得较为明显；审计人员如果没有审计处理权，则通过审计报告将问题反馈给审计委托人，由其实施纠偏行为，这种情况下审计的控制作用表现得较为间接。同时，由于审计客观存在的巨大威慑力量，其反馈给被审计人及其他关系人的审计结果信息，也可起到间接纠偏的效果。因此，审计行为也是一种控制行为。

3. 审计的目标

审计目标是审计行为活动想要达到的理想状态，其本质目标是确保受托经济责任的全面有效履行。所谓"全面"，是指全面履行"行为责任"与"报告责任"的各项内容；所谓"有效"，是指每一项责任都必须得到切实履行，都要真正符合要求。

注册会计师为了评估重大错报风险及设计和实施进一步审计程序，需要在明确审计总目标、了解被审计单位管理层认定的基础上，进一步确定每个项目的具体审计目标。

"行为责任"包括：保全责任、遵纪守法责任、节约责任、效率责任、效果责任、社会责任、控制责任等。

"报告责任"包括：设计能反映行为责任内容的完整的报告体系，即受托经济责任报告体系；按特定要求编制报告，以说明行为责任的履行状况。报告责任的主要内容就是按公允性的要求编制财务报表。现行的受托经济责任报告体系只有财务会计报告一类，由于它仅反映了保全责任的财务情况，即财务状况、经营成果和现金流量的变化，对责任的报告显得过于狭窄。

（1）审计的一般目标，即与各类交易和事项相关的审计目标。

1）真实性。审计的首要目标是评价被审计方提供的反映其履行受托经济责任情况的会计资料和其他有关文件资料的真实性、公允性，查明这些资料是否如实地、恰当地反映被审方财务收支及其结果以及经济活动的真相，尽可能地防止错误和舞弊发生。

2）完整性。完整性的审计目标是确定已发生的交易确实已经记录，例如企业实际发生的销售交易，但没有在明细账和总账中予以记录，则违反了该目标。

3）准确性。准确性的审计目标是确认已记录的交易是否按正确、真实的金额反映出来，例如企业在销售交易中发出的商品数量与账上不符，则违反了该目标。

4）截止。截止的审计目标是指确认接近于资产负债表日的交易记录于恰当的期间。例如，有的企业故意将本期确认的收入推迟到下期记录或将下期实现的收入提前记入本期入账，则违反了该目标。

5）分类。分类的审计目标是确认被审计单位记录的交易经过适当分类，例如将现销记为赊销，就是交易分类错误。

（2）审计的具体目标，即与期末账户余额相关的审计目标。

1）存在。本目标是为了确认记录的金额确实存在，例如企业在应收账款明细表中列入实际并不存在的应收账款，就违反了该目标。

2）权利和义务。本目标是为了确认资产和负债归属于被审计单位的权利和义务。例如，将他人寄存的商品列入被审计单位的存货中，就违反了权利目标；将不属于被审计单位的债务记入账内，则违反了义务目标。

3）完整性。本目标是确认已存在的金额均已记录，例如存在某客户的应收账款，在应收账款明细账中却没有记录，违反了该分类目标。

4）计价和分摊。资产、负债和所有者权益以恰当的金额包括在财务报表中，与之相关的计价或分摊调整已恰当记录。

4. 审计假设

审计假设是对有关审计事物产生、发展与存在的一些尚未确定或无法正面论证的前提条件，根据客观的正常情况或发展趋势所作出的合乎逻辑的推断或认定。

（1）责任关系假设。认定各种受托经济责任的确认与解除必须由独立的第三方来进行客观、公正的评定，充当第三方的就是审计人，他所实施的行为活动就是审计活动。因此，受托经济责任关系的存在是审计产生的基本前提。

（2）正当怀疑假设。由于没有充分的理由完全信任受托人的责任履行过程是全面有效的，同样也没有充分的理由完全信任受托人提供的说明其责任履行状况的经济信息都是真实公允和可信的，因而必须对受托经济责任履行状况及其表达信息的可信性进行审计。因此，这一假设揭示了审计活动得以产生的直接原因，为审计工作明确了目标，提供了依据。

（3）可确认假设。可确认假设是假定受托经济责任履行状况可以通过收集和评价相关证据、验证相关信息而得到确认。这一假设是审计准则理论、审计程序理论与审计证据理论的基础。

（4）独立性假设。独立性假设是假设审计机构和审计人员始终能够保持其地位、精神、操作及伦理上的独立，并有能力排除各种各种的干扰与约束，进行独立审计。该项假设的重要意义在于确立了审计的本质特征，使之区别于其他检查活动，成为一门独立的学科。

（5）有效性假设。有效性假设是假设审计人员与管理部门之间不存在必然的利害冲突，即使有时存在，也可以避免或不至于妨碍审计行为的有效实施。

总之，责任关系假设确立了审计存在的前提，正当怀疑假设解释了审计产生的直接原因，可确认假设提供了实施各种审计的基本依据，独立性假设确立了审计的本质特征，而有效性假设则是实施有效审计的坚强后盾。五项假设相互联系，结为一体，共同构成了审计推理论证的前提条件。

5. 审计信息质量要求

没有符合特定质量要求的审计信息，审计控制的目标显然就难以实现。审计信息要求是指审计信息能够得以发挥作用所具备的基本特征，包括可信性、真实性、相关性、有效性、公正性和可理解性等。

（1）审计信息的可信性。审计信息的可信性是指审计信息应该而且必须完全可以信赖，充分可靠。这是审计信息最重要的质量特征。

（2）审计信息的真实性。审计信息的真实性是指审计信息必须对受托经济责任的实际情况予以真实客观系统的描述与反映，不得夸大、缩小、变异或修饰，要能反映出经济活动过程最本质的特征与变化。

（3）审计信息的相关性。审计信息的相关性是指审计信息必须与受托经济责任履行状况及使用者信息相关。

（4）审计信息的有效性。审计信息的有效性是指审计信息必须是审计行为活动的作用结果。

（5）审计信息的公正性。审计信息的公正性是指审计信息在描述和反映受托责任履行状况时必须做到实事求是、不偏不倚。这是审计本质特征在审计信息质量特征中的反映。

（6）审计信息的可理解性。审计信息的可理解性是指用于表达和传递审计信息的文字必须明确、简洁、清晰、易于理解。

三、审计的监督体系

1. 审计的监督体系内容

（1）国家审计。国家审计是指由政府机关实施的审计，又称政府审计，包括对中央国家机关和地方各级人民政府财政收支活动，金融机构、企事业组织以及其他含有的国有资产成分单位的财政财务收支及其经济活动的真实性、合法性、效益性所进行的审计。国家审计具有强制性的特征。

（2）注册会计师审计。注册会计师审计是指经由政府有关部门审批成立的会计师事务所或审计师事务所进行的审计，也称民间审计、社会审计、独立审计等。注册会计师必须首先依法取得注册会计师资格证书，才能接受委托从事审计和会计咨询、会计服务。根据《中华人民共和国注册会计师法》的规定，注册会计师必须加入会计师事务所才能执业。

（3）内部审计。内部审计是指由部门和单位内部设置的审计机构或人员对本部门和单位所实施的监督，包括部门内部审计和单位内部审计两类。内部审计机构或人员独立于其他部门，直接由本部门或本单位的最高行政负责人领导，并向其报告工作。内部审计人员的工作贯穿于整个组织，与组织各阶层的行政主管或员工打交道，测试和评价他们的工作。内部审计具有独立性，才能发挥最大的监督作用。

2. 审计的监督体系的相互关系

国家审计、注册会计师审计和内部审计之间，既相互联系，又相互不可替代，各有特点、各司其职，在不同领域发挥作用，不存在主导和从属关系。本教材主要涉及内部审计内容。

现代内部审计是因企业规模扩大，内部分权制实施，受托经济责任而形成，且基于经济监督的需要而产生的。内部审计已成为我国审计监督体系的重要组成部分，并且正在成为企业事业单位自我发展和自我约束的重要机制，对加强内部经营管理和监督、遵守国家财经法纪、促进廉政建设、维护单位的合法权益、提高效率发挥着重要的作用。

四、审计的性质

审计是一种独立的经济监督活动。审计的监督相对于其他各项有关工作而言，具有自身独特的性质，主要表现为独立性、权威性和公正性三个方面。

1. 独立性

审计监督与其他经济监督及其他经济管理工作相比，具有很明显的独立性。独立性是审计工作的灵魂，是审计工作的根本特征。

审计的独立性，主要是指审计机构和审计人员在组织、工作、经济方面独立于被审计单位，不受外来和内在因素的影响和干扰，保持中立的一种状态，即组织独立、工作独立、经济独立。保持独立性，确保审计工作顺利进行和审计结论客观公正。

2. 权威性

审计的权威性与审计的独立性相关，是保证有效行使审计监督权的必要条件。审计监督是一种比较高层次的监督，我国审计监督的直接法律依据是《中华人民共和国宪法》。我国宪法第九十一条明确指出："审计机关在国务院总理领导下，依照法律规定独立行使审计监督权，不受其他行政机关、社会团体和个人的干涉。"审计的权威性主要表现在两个方面，即审计组织的地位和权力由法律明确规定，审计人员依法执行审计业务受法律保护。

3. 公正性

公正性是审计工作的基本要求，也是审计工作的一个基本特性。审计的公正性主要表现在，站在第三方公正客观的立场上，实事求是地开展经济监督工作，依据真实、正确的事实，作出符合客观事实、不带任何偏见的判断和公正的评价，并进行公正的处理，以正确地确定或解除被审计人的经济责任。公正性来自于独立性，它是权威性的基础，因此审计人员在审计工作中只有具有且保持独立性和公正性，才能真正树立审计的权威。

五、审计的职能

审计职能是审计本身所固有的，体现了审计本质属性的内在功能。审计具有经济监督、经济评价和经济鉴证三种职能，其中经济监督为基本职能。

1. 经济监督

经济监督是指通过对被审计单位或个人的财政、财务收支及有关经济活动真实性、合法性和效益性的审查，指出错弊，监督被审计单位或个人遵守财经法纪，履行经济责任，以保证被审计单位的经济活动和会计核算按规定的轨道运行的职能。它是审计的最基本职能。

2. 经济评价

经济评价是指审计机构或审计人员在对被审计单位的财政、财务收支及其有关经济活动进行审查核实的基础上，对被审计单位的经营决策、计划、预算是否确实可行，经济活动及经济结果是否完成预定目标作出评价，从而有针对性地提出意见和建议，以促进被审计单位改善经营管理，提高经济效益。

3. 经济鉴证

经济鉴证是指审计机构和审计人员通过对被审计单位的会计报表和其他相关资料进行检查和验证，确定其财务状况和经营成果的公允性、合法性，并出具书面证明，以取得审计委托人的或社会公众的信任。

六、审计的种类

按审计主体和审计的内容及目的可以将审计工作分为两类。

1. 按审计主体分类

按审计的主体分类，可将审计分为政府审计、民间审计和内部审计三类：政府审计是指由政府审计机关执行的审计；民间审计是指经有关部门审核批准成立的民间审计组织所实施的审计；内部审计是指由本部门或本单位内部专职的审计机构和人员所实施的审计。

2. 按审计的内容和目的分类

按审计的内容和目的分类，可将审计分为财政财务审计、财经法纪审计、经济效益审计和经济责任审计。财政财务审计是对被审计单位的财政财务收支情况以及财政决算和财务计划的执行情况进行的审计。财经法纪审计是对被审计单位严重违反财经法纪的行为所进行的专案审计。经济效益审计是对被审计单位的经营决策、投资效果、资金使用以及业绩考查等项目所进行的审计。经济责任审计是以审查经营者是否应负经济责任为主要目的进行的审计。

3. 审计按其他标准分类

审计还可以按其他标准进行分类，比如按实施审计的时间分类，可分为事前审计、事中审计和事后审计；按审计的范围可分为全部审计和局部审计；按审计工作的执行地点分为报送审计和就地审计；按审计工作是否具有强制性可分为强制审计和委托审计；按审计是否预告可分为预告审计和突击审计。

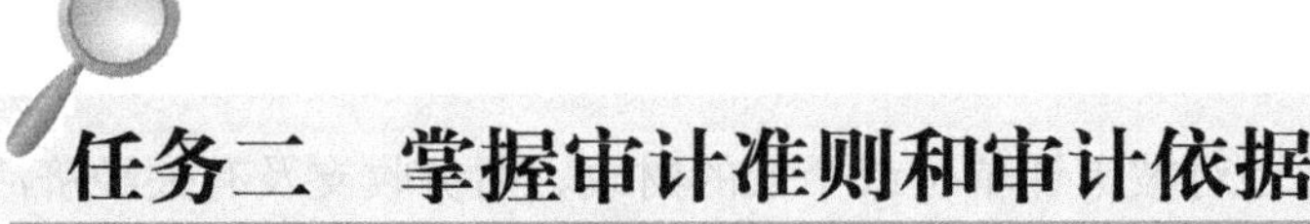

任务二　掌握审计准则和审计依据

任务要求

1. 明确审计准则体系的构成
2. 掌握我国独立审计准则的含义及内容
3. 能熟练掌握质量控制准则的含义及内容

知识储备

审计人员在审计时以什么为标准呢？是否只凭主观经验判断？

一、审计准则的含义、作用和分类

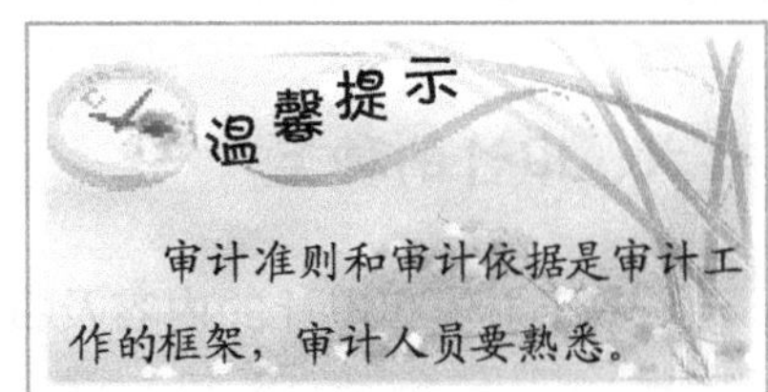

审计准则和审计依据是审计工作的框架，审计人员要熟悉。

审计准则是审计人员进行审计工作时必须遵循的行为规范，是执行审计业务，获取审计证据，形成审计结论，出具审计报告的专业标准。审计准则是把审计实务中一般认为公正妥善的惯例加以概括归纳而形成的原则。

1. 审计准则的含义

审计准则是由国家有关部门或会计师职业团体制订的审计人员在执业过程中应遵守的技术规范，是衡量审计工作的质量标准，也是判断审计人员履行职责情况的一个法定依据。审计准则产生的主要原因是为了提高审计质量，明确审计责任，规范审计过程。

2. 审计准则的作用

（1）为审计人员提供了操作规范和工作指南，从而有助于审计工作质量的提高。

（2）为审计组织管理部门评价审计工作质量提供了衡量标准，有助于社会公众对审计职业的理解和判断。

（3）有利于维护社会公众和审计人员的合法权益，使他们免受不正当的指责和控告。

（4）有助于审计理论的研究，促进国际审计经验交流。

3. 审计准则的分类

审计准则根据审计主体及其作用范围的不同，可分为国家审计准则、内部审计准则和独立审计准则（注册会计师审计准则）。

（1）国家审计准则，又称政府审计准则，通常由国家审计机关制定颁布，其目的是为政府审计人员执行业务建立标准和提供指南。适用于各级审计机关和审计人员依法开展的审计工作，其他审计组织承办国家审计机关的审计事项也应当遵守本准则。

（2）内部审计准则，通常是由各国有影响的内部审计团体制定并公布，其目的是为内部审计人员执业建立标准和提供指南。

（3）独立审计准则，又称为民间审计准则或注册会计师准则，通常由各国有影响的会计职业团体制定并公布，其目的是为注册会计师执业建立审计业务标准和提供指南。

二、国家审计准则

我国政府审计准则是审计署制定的规范全国审计机关依法审计的部门规章，适用于各级审计机关和审计人员依法开展的审计工作，其他审计组织承办国家审计机关的审计事项也应当遵守本准则。《中华人民共和国国家审计准则》是重要的审计规章，是我国审计法律规范体系的重要组成部分。

三、内部审计准则

根据《中国内部审计准则》序言的规定，我国的内部审计准则体系由以下三个层次组成：

（1）内部审计基本准则，是内部审计准则的总纲，是内部审计机构和人员进行内部审计时应当遵循的基本规范，是制定内部审计具体准则、内部审计实务指南的基本依据。

（2）内部审计具体准则，是依据基本准则制定的，是内部审计机构和人员在进行内部审计时应当遵循的具体规范。

（3）内部审计实务指南，是依据基本准则、具体准则制定的，为内部审计机构和人员进行内部审计提供的具有可操作性的指导意见。

内部审计准则体系中的三个不同层次，具有不同的约束力和权威性。基本准则是内部审计准则体系的第一层次，是内部审计准则的总纲，具有最高的权威性和法定约束力。基本准则、具体准则是内部审计机构和人员进行内部审计的执业规范，内部审计机构和人员在进行内部审计时应当遵照执行。具体准则的权威性虽低于基本准则，但高于实务指南，并有法定约束力。实务指南是给内部审计机构和人员提供操作性的指导意见，不具有法定约束力和强制性，内部审计机构和人员在进行内部审计时应当参照执行。

虽然《中国内部审计准则》的序言中未将内部审计人员职业道德规范（以下简称职业道德规范）纳入内部审计准则体系，但依照国际惯例，职业道德规范应作为内部审计准则框架的一部分，并在内部审计准则框架中居于最高层次，具有法定约束力。

四、独立审计准则

独立审计准则（注册会计师审计准则）是用来规范注册会计师执行审计业务，获取审计证据，形成审计结论，出具审计报告的专业标准。按照财政部关于“着力完善我国注册会计师审计准则体系，加速实现与国际审计准则趋同”的指示，中国注册会计师协会拟定了 22 项准则，并对 26 项准则进行了必要的修订和完善，已于 2006 年 2 月 15 日由财政部发布，自 2007 年 1 月 1 日起在所有会计师事务所施行。这次发布的 48 项注册会计师执业准则，体现了与国际审计准则接轨的要求，满足新形势下注册会计师的执业需求，突出了维护公众利益的行业宗旨，增强了审计准则的易理解性和可操作性。

我国独立审计准则的层次，如图 1-1 所示。

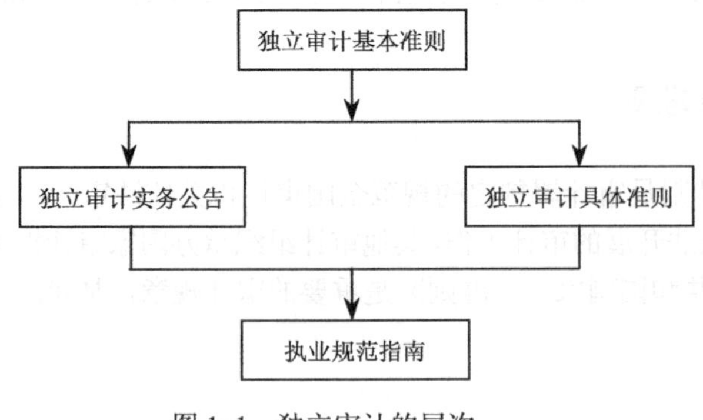

图 1-1　独立审计的层次

五、审计依据

1. 审计依据的含义

审计依据是指审计人员对被审计事项进行判断和评价，据以提出审计意见，作出审计结论的客观标准。审计依据和审计准则是两个既有联系又有区别概念。审计准则是审计人员执业的指南和规范，指导如何进行审计工作。审计依据是衡量审计客体的标准，它是审计人员作出判断、提出意见和作出结论的依据。二者的联系是审计依据包含审计准则，因为审计准则也可以用来衡量审计工作质量问题。

2. 审计依据的种类

不同种类的审计依据有着不同的用途，对审计依据进行适当的分类，有利于审计人员根据需要选用恰当的审计依据。

（1）按审计依据来源渠道分类。

1）外部制定的审计依据。国家制定的法律、法规、条例、政策、制度；地方政府、上级主管部门颁发的规章制度和下达的通知、指示文件等；涉外被审计事项所引国际惯例的条约等。

2）内部制定的审计依据。被审计单位制定的经营方针、任务目标、计划预算、各种定额、经济合同、各项指标和各项规章制度等。

（2）按审计依据性质内容分类。

1）法律、法规。法律是国家立法机关依照立法程序制定和颁布，由国家强制保证执行的行为规范总称，如宪法、刑法、民法、会计法、审计法、税法、企业法、公司法、经济合同法等。法规是由国家行政机关制定的各种法令、条例和规定，如《价格管理条例》、《企业会计准则》等。

2）规章制度。主要有国务院各部委根据法律和国务院的行政法规制定的规章制度；省、自治区、直辖市根据法律和国务院的行政法规制定的规章制度；被审计单位上级主管部门和被审计单位内部制定的各种规章制度等。

3）预算、计划、合同。例如，国家机关事业单位编制的经费预算，企业单位制定的各种经济计划，被审单位与其他单位签订的各种经济合同等。

4）业务规范、技术经济标准。例如，人员配备定额、工作质量标准、原材料消耗定额、工时定额、能源消耗定额、设备利用定额等。

（3）按审计依据衡量对象分类。

1）财务审计依据。财务审计的主要目标是对被审计单位经济活动的真实性和合法性作出审计和评价。因此，财务审计的主要依据有国家的法律、法规；国家主要部门或地方各级政府制定的规章制度；企业自行制定的会计控制制度、计划、预算、合同等。

2）经济效益审计依据。经济效益审计的主要目标是对被审计单位经济活动的有效性作出审计和评价。因此，经济效益审计的主要依据有单位的管理控制制度、预算、计划、经济技术规范、经济技术指标、可比较的各种历史数据、同行业的先进水平、上等级企业的标准、优良企业的管理规范等。

3. 审计依据的特点

（1）层次性。层次性是指审计依据按照制定单位的地位、权限和管理范围等条件可以划分若干层次。层次越高，其内容原则性越强，适用范围越广，越能得到社会公认。

（2）时效性。时效性是指审计依据只在一定时期内有效。这是因为审计依据中的法律、

法规和政策必然随着经济基础的发展而变化。这就要求审计人员在审计过程中密切关注各种审计依据的时效性。

（3）地域性。地域性是指审计依据只在一定范围内有效。我国各地区、各部门的实际情况和发展水平不同，因此其适用的审计依据也各不相同。

（4）相关性。相关性是要求审计人员在选用审计依据时，应选择那些与审计结论和决定有内在的、本质的联系的法律和法规等作为该审计事项的审计依据。

审计人员选用审计依据时，要具体问题具体分析，做到有法可依、无法依理、地方法规与国家法规发生矛盾时要慎重处理。辩证分析问题，利益兼顾，真实可靠。

任务三　知悉审计人员职业道德和从业要求

任务要求

1. 知悉审计人员的职业道德
2. 重点掌握内部审计人员的职业道德
3. 了解审计人员的从业要求

知识储备

合格的审计人员应具备哪些条件？

职业道德是指某一职业组织以公约、守则等形式公布的，其成员自愿接受的职业行为标准。审计人员的职业道德是指审计人员职业品德、职业纪律、专业胜任能力及职业责任等的统称。审计人员职业道德是为指导审计人员在从事审计工作中保持独立的地位、公正的态度和约束自己行为而制定的一整套职业道德规范。

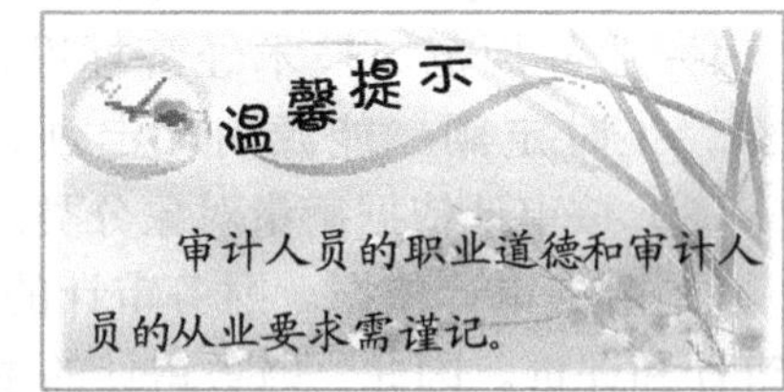

一、注册会计师的职业道德

1996 年 12 月 26 日，中国注册会计师协会颁布了《中国注册会计师职业道德基本准则》（以下简称《基本准则》），并于 1997 年 1 月 1 日起实施。

注册会计师职业道德的基本要求是对审计人员所作的原则性要求，包括独立原则、客观原则、公正原则三方面要求。

（1）独立原则，是指注册会计师在执行审计业务、出具审计报告时应当在实质上和形式上独立于委托单位和其他机构。实质上的独立性要求会计师与被审计单位之间必须毫无利害关系。注册会计师只有与被审计单位保持实质上的独立，才能以客观、公正的心态表示意见。

（2）客观原则，是指注册会计师对有关事项调查、判断和意见的表述，应当基于客观的立场，以客观事实为依据，实事求是，不掺杂个人主观意愿，不为委托单位或第三者的意见所左右。

（3）公正原则，是指注册会计师应当具备正直、诚实的品质，公平正直、不偏不倚地对待有关利益各方，不以牺牲一方利益为条件而使另一方受益。

二、国家审计人员职业道德

审计署确定的国家审计人员必须坚持的职业道德如下：

（1）坚持四项基本原则，全心全意为人民服务，忠于职守，克己奉公，勤奋工作。

（2）努力学习、更新知识，学以致用，积极进取，具备与审计工作相适应的专业知识和业务能力。

（3）遵守国家法律、法规，严格依法审计。

（4）办理审计事项应当保持职业谨慎，做到客观公正、实事求是。

（5）办理审计事项与被审计单位或者审计事项有利害关系时，应当回避。

（6）对在执行业务中知悉的国家秘密和被审计单位的商业秘密，应当负有保密的义务。

（7）遵守廉政勤政规定和审计工作纪律，廉洁自律，艰苦奋斗，努力奉献。

（8）谦虚谨慎，平等待人，树立良好形象。

三、内部审计人员职业道德

中国内部审计协会于 2003 年 4 月 12 日制定并发布的《内部审计人员职业道德规范》，主要包括职业品德、职业谨慎和职业判断、专业胜任能力、诚信、保密、接受后续教育等方面。内部审计人员在履行职务时，应当自觉遵守：

（1）内部审计人员在履行职责时，应当严格遵守《中国内部审计准则》及中国内部审计协会制定的其他规定。

（2）内部审计人员不得从事损害国家利益、组织利益和内部审计职业荣誉的活动。

（3）内部审计人员在履行职责时，应当做到独立、客观、正直和勤勉。

（4）内部审计人员在履行职责时，应当保持廉洁，不得从被审计单位获得任何可能有损职业判断的利益。

（5）内部审计人员应当保持应有的职业谨慎，并合理使用职业判断。

（6）内部审计人员应当保持和提高专业胜任能力，必要时可聘请有关专家协助。

（7）内部审计人员应诚实地为组织服务，不做任何违反诚信原则的事情。

（8）内部审计人员应当遵循保密性原则，按规定使用其在履行职责时所获取的资料。

（9）内部审计人员在审计报告中应客观地披露所了解的全部重要事项。

（10）内部审计人员应具有较强的人际交往技能，妥善处理好与组织内外相关机构和人士的关系。

（11）内部审计人员应不断接受后续教育，提高服务质量。

四、内部审计人员的从业要求

内部审计在规范企业经济活动，揭露企业经济违法违纪事件，参与企业决策，评价企业的风险管理、控制及治理状况，提高企业的运行效率和经济效益等方面发挥着重要的作用。开展内审工作的能力受制于内审人员的专业判断能力、审计程序、审计技术方法等；所付出的努力以及真实报告审计查证事项的意愿，则取决于内审人员的职业道德素养。因此，正确认识内部审计职业道德内涵，不断加强内部审计职业道德教育，是提高审计质量、规避审计风险的必然要求。

在长期的审计实践活动中形成了内部审计从业人员应当遵守的行为规范其基本要求涵盖敬业爱岗、正直廉洁、客观公正、保守秘密、好学进取五个方面。

1. 敬业爱岗

敬业爱岗是做好内审工作的前提条件。内审人员应热爱自己所从事的本职工作，维护职业的尊严，忠于职守，自觉地承担本职业对社会和企业的责任和义务，把内部审计事业与维护国家财经纪律、保障企业经济平稳运行、维护企业员工切身利益联系起来，树立为审计事业奉献的思想，并为此不断追求、努力奋斗。

2. 正直廉洁

正直廉洁是保持内部审计独立性、公正性和权威性的必然要求。只有始终严守审计廉洁纪律，不给违法乱纪者以可乘之机，内部审计的职能才能得到充分的保障。内审人员应当遵守《中华人民共和国审计法》、《中国内部审计准则》以及各项规定，应当诚实、勤奋并负责地完成各项内审工作，应当自觉地抵制非法金钱与福利的诱惑，不得获取任何可能有损职业判断的利益，不得从事损害国家利益、组织利益和职业荣誉的活动。

3. 客观公正

客观公正是内审工作的基本准则。内审人员在获取审计证据的过程中，必须牢牢把握证据的客观性、相关性、有效性、证明性和充分性；在对审计事项进行分析、判断的过程中，必须坚决避免被审计对象和有关利害关系的干扰，也不受个人好恶的影响；在反映审计查证事实的过程中，应当不偏不倚地对待有关利益各方；在作出审计结论的过程中必须严格按照法律、法规和规范性文件衡量是非、客观评价。

4. 保守秘密

保守秘密是内审工作的职业纪律。因工作需要，决定了在内部审计过程不可避免地会接触到企业的商业秘密，内审人员应负有保守秘密的义务，应当谨慎使用和保护在内审工作中获取的信息；不得违法谋取个人私利，破坏行业正当利益。

5. 好学进取

好学进取是胜任内审工作的保证。现代内审工作更加强调内审人员的知识性、专业性和综合性。内审人员必须好学进取，勇于接受挑战，不断进行知识更新，实践最新的内审理论和方法，积累更多的内审经验和技巧，必须要努力做到如下几点：

（1）熟悉和掌握企业的控制环境和管理程序。

（2）掌握发现舞弊线索所需的各学科专业知识，如审计、财务、金融、税收、工程、法律、统计、计算机、管理学等。

（3）具备发现可能影响企业目标、经营或资源的重大潜在风险的能力，能保持应有的职业谨慎，并合理使用职业判断。

（4）应具有较强的人际交往能力，妥善处理好与企业内外相关机构和人士的关系。

（5）应不断接受后续教育，更新知识结构，提高服务质量。

项目总结

审计的概念和性质是审计基础理论，明确审计的主体、客体，了解审计的特性和审计的种类。

审计的准则和审计的依据是审计人员进行审计时需掌握的标准。审计准则规范着审计人员对审计事实和资料，作出恰如其分的评价和处理。审计准则规范了审计业务的开展，而审计依据则是审计处理时判断、评价和作出结论的尺度。二者相互联系，都关系着审计工作的规范、质量和风险。

审计人员的职业道德规范主要对审计人员从业的一些基本的要求。规范审计人员的行为，明确审计人员的责任。注册会计师的职业道德的基本要求包括独立原则、客观原则、公正原则三方面。注册会计师在执行审计业务、出具审计报告时，应当在实质上和形式上独立于委托单位和其他机构。

项目二　审计的基本方法

项目导航

学习目标

- 掌握审计的基本方法和技术方法
- 了解审计的分类及判断审计证据的证明力
- 区分不同的审计工作底稿
- 掌握审计程序的三大过程
- 了解并熟悉企业内部控制制度

具体任务

任务一　掌握审计方法
任务二　掌握审计证据
任务三　运用审计工作底稿
任务四　了解审计程序
任务五　知悉内部控制制度及评价

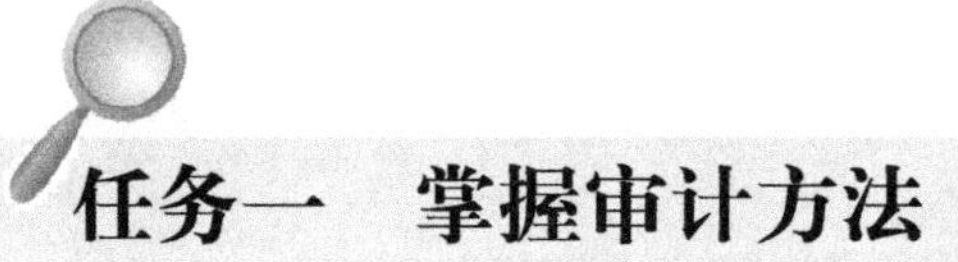

任务一　掌握审计方法

任务要求

1. 了解审计的一般方法
2. 掌握审计的技术方法
3. 掌握各种方法的不同与相互联系

知识储备

每门学科都有自己的一套方法体系，例如会计有七大核算方法。审计发展到今天，也有其独特的工作方法。那么，审计的方法是什么呢？审计人员是如何审计的呢？

一、审计方法

1. 审计方法的含义

审计方法是指审计人员检查和分析审计对象，收集审计证据，并按照审计依据或标准进行评价，从而形成审计结论和意见的各种专门技术手段的总称。全面掌握和正确运用审计方法，对于实现审计的目标和任务，提高审计工作的质量是十分必要的。从狭义上讲，审计方法是指与取得审计证据有关的各种基本方法和手段，即审计取证方法。

2. 审计方法的意义

审计方法是从长期审计实践中总结和积累起来的，是为实现审计目标和完成审计任务服务的。不同的审计目标和要求，所选用的审计方法也有所不同。审计方法的选用是否恰当，对于审计结果的正确与否，有着密切的联系。

选用恰当的审计方法，可以尽快发现问题，弄清事实真相，缩短审计时间，节约人力、物力，提高工作效率，收到事半功倍的效果。反之，如果采用的审计方法与审计特定目标和被审计事项的实际情况不相适应，不但不能以一定的人力、物力取得必要的审计证据，而且可能误入歧途，导致错误的审计意见和结论。因此，学好审计方法，并加以正确运用，对做好审计工作、发挥审计作用有着重要的意义。

目前，我国常用的审计的方法一般可分为审计的基本方法和审计的技术方法。

二、审计的基本方法

审计的基本方法是以审计工作先后顺序和审计工作的范围或详细程度而进行划分的某种方法，是各种审计通用的、普遍性的方法。可将其概括为以下几个方面：

（1）审计审查，是指依据财经法律和法规审查被审计单位会计资料和有关资料。

（2）审计分析，是指审计审查后进行审计分析，查明问题的原因，是过失错误导致还是舞弊行为。

（3）审计调整，是指通过审查后发现问题，按公司法、税法、企业会计制度以及会计处理和原则，对错误进行处理或经济业务进行调整，通过调整使之正确无误。

（4）审计报告，是指在审计结束后，根据发现的问题，比照审计依据确定其性质，然后形成的书面文件及其意见。

温馨提示

审计方法是审计工作的基础，要熟练掌握。

三、审计的技术方法

不同的审计目标，需要收集或取得不同的证据，因而也需要采用不同的审计方法。收集审计证据的方法种类繁多，但归纳起来可分为审查书面资料和证实客观事物两大类。

审计的技术方法分为以下两个方面。

1. 审查书面资料的方法

审查书面资料的方法主要是指对书面凭证进行审计的方法，包括对会计凭证、会计账簿和财务报表进行审计。

（1）审阅法。审阅法是指通过仔细审查和翻阅会计凭证、会计账簿和会计报表，以及计划、预算和可行性研究报告等书面资料，查明书面资料及其反映的经济业务的真实性、合法性和效益性，从中发现错弊或疑点，以收集书面证据的一种审查方法。

1）审阅会计凭证包括审阅原始凭证和记账凭证。审阅原始凭证主要查看原始凭证所反映的经济业务是否符合规定，凭证上记载的抬头、日期、数量、单价、金额等方面的字迹是否清晰，填写原始凭证的单位名称、地址、名章、手续是否完整清楚，字迹、数字有无涂改情况。审阅记账凭证主要审阅记账凭证的记载内容是否符合会计制度的规定，所记账户名称和会计分录是否正确，有无错用账户或记错方向等情况。

2）审阅账簿主要是审查日记账、分类账、备查簿的会计科目及其金额。必要时，还需查对记账凭证的原始凭证，以查明反映的经济业务是否正常。在审阅明细分类账时，要审查明细分类账的记载是否符合会计制度的规定。若明细分类较多时，可选择重点内容进行审阅，尤其是那些容易隐藏错弊的账户，如材料成本差异账户、应收应付款项账户等。

3）审阅财务报表应注意审阅其编制是否符合《企业会计准则》及其他有关规定，以及财务报表附注是否按照《企业会计准则第 1 号—存货》等 38 项具体会计准则要求对相关的内容作了充分的披露。

4）对计划资料、经济合同和其他有关经济资料进行审阅时，应重点查验资料来源是否可靠，数据计算是否正确，业务内容是否符合法规政策，营运管理是否符合经营管理原理、方法和规章制度，有助于较全面地掌握情况并发现问题。

（2）核对法。核对法是指对凭证、账簿和报表等书面资料之间的关系进行相互对照审查，借以查明证、账和表之间是否相符，从而取得有关错弊的书面证据的一种复核查对方法，包括下列内容：

1）原始凭证之间、原始凭证与记账凭证、记账凭证与汇总记账凭证之间的核对，主要核对日期、内容、数量、金额等是否相符。

2）记账凭证或原始凭证与所记账簿核对，主要核对凭证的日期、会计科目、明细科目、金额，同记入或过入序时账簿、分类账簿、备查账簿的相应记录是否相符，以及各种账簿转次页、承前页的金额是否相符。

3）明细分类账与总分类账核对，主要核对期初余额、本期发生额和期末余额。

4）明细分类账与报表核对，主要核对明细分类账的时间、总额同有关报表的项目、时间、金额是否相符。

5）报表之间有关项目的核对，主要核对会计报表上数字计算是否正确无误，核对相关会计报表之间的相关数字是否相符。

6）计划、预算、核算、可行性研究报告、合同等书面资料中的项目和数据，应同业务核算、统计核算、会计核算等书面资料核对。

（3）顺查法又称正查法，是按照会计账务处理的程序，依次对会计凭证、会计账簿和会计报表各个环节进行审查核对的一种方法。具体操作流程：首先审查原始凭证是否真实正确、合理合法，并核对记账凭证；然后再以记账凭证核对账簿，审查账证是否一致，总分类账余额同所属明细分类账余额的合计是否一致；最后以账簿核对会计报表，审查调整结账事项同所编的报表是否一致，如图 2-1 所示。顺查法的优点是系统全面，可以查明证证、账证、账账以及账表是否相符，可避免差错和遗漏。但是，如果凭证繁多，就会造成工作量过大，耗费人力和时间太多，影响对重点问题的检查。因此，顺查法一般适用于管理及会计工作和经济活动比较简单的单位的财务收支和专案审计。

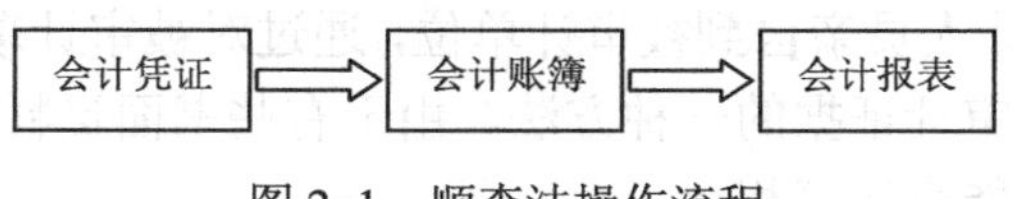

图 2-1　顺查法操作流程

（4）逆查法又称倒查法，是按照会计账务流程的相反方向，依次对会计报表、会计账簿、会计凭证各个环节审查核对的一种方法。首先审核财务报表，再由报表核对账簿，最后由账簿核对凭证，如图 2-2 所示。这种方法便于抓住主要问题，可以节省时间，但不易把所有问题揭露出来。逆查法的适用范围非常广泛，除了管理非常混乱、账目资料不全的单位，以及某些特别重要的审计项目外，其余场合均能采用。

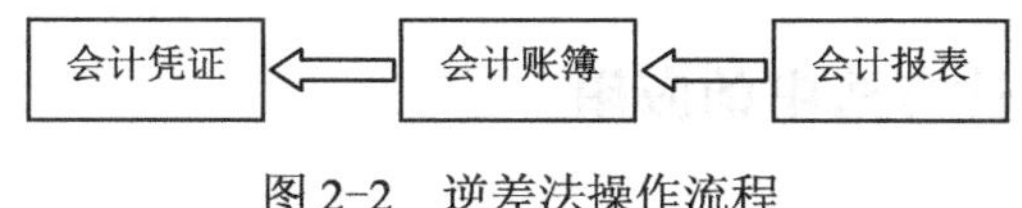

图 2-2　逆差法操作流程

（5）查询法，是指审计人员对审计过程中发现的疑点和问题，通过向有关方面调查询问，弄清事实取得证据的一种方法。查询法是在采用审阅、核对、重算等方法，发现书面资料未能提供充分可靠信息，以及书面资料本身存在不足之处，用来取得切实可靠，审计证据的。查询必须形成书面记录，并由答询人员签字盖章，作为查询证实的证据。查询证据包括面询法和函询法两种。

1）面询法是指直接向经手人、关系人、责任人、知情者及其他有关人员进行谈话，征询意见，了解情况。个别谈话、访问、座谈会、前往外地直接找有关人员征询，都是面询。

2）函询法是指注册会计师为了获取影响财务报表或相关披露认定的项目的信息，通过直接来自第三方对有关信息和现状的声明，获取和评价审计证据的过程。该方法通常用于了解某项经济业务的实际情况或核对某些往来账目。

（6）比较法，是指对被审计单位有关的书面资料同相关的数据或指标进行比较，确定它们之间的差异，发现问题，经过分析取得审计证据的一种方法。

（7）分析法，是指将有关的经济指标或经济事项进行分解，然后对各项因素中组成部分之间的相互联系、变化过程进行分析，提出问题，审计证据的一种方法。

2. 证实客观事物的方法

（1）盘存法。盘存法又称盘点法，是指对被审计单位各项资产进行实地盘点，以确定数量、品种、规格及其金额等实际状况，借以证实有关实物账户的余额是否真实，从中收集审计证据的一种方法。盘存法一般可分为直接盘存法和监督盘存法两种。

1）直接盘存法，是指审计人员直接对实物进行盘点。这种方法适用于对贵重物品和少数实物的盘点，盘点必须有经办人在场，以明确责任。盘点后应填写盘点记录，由有关人员共同签字。

2）监督盘存法，是指审计人员在场对库存财产物资进行监督抽查。这一方法只用于财产物资数量较大的盘点。审计人员除了监督盘查外，还应抽查其中一部分物资，抽查的比例应根据具体情况确定，一般为10%。如果发现问题较大，可以扩大抽查范围，必要时也可以要求重新盘存。

（2）调节法，是指检查某一项目时，发现现成的数据同需要证实的数据在时点（或其他原因）上不一致，需对其中某些因素进行必要的增减调整，例如银行存款余额调节表的编制。

（3）观察法，是指审计人员亲自到被审计单位，通过对被审计项目有关情况的实地观察，借以收集书面资料以外的审计证据的一种方法。由于有些书面资料容易造成假象，审计人员必须深入现场亲自观察才能查明真相。

（4）鉴定法，是指对书面资料、实物和经济活动等内容的分析与鉴别超过审计人员的能力和知识水平，从而邀请有关专业部门或人员运用专门技术进行确定和识别的一种方法。

在审计过程中，对于某些带有技术性的审计对象，审计人员无法运用一般的审计方法确定其结构、性能和质量等问题，而需通过专业技术人员进行识别、测试和鉴定，如聘请工程师、评估师等。

四、审计抽样在审计方法中的应用

现代审计的重要特征之一就是审计抽样的广泛运用。它大大降低了审计成本，提高了工作效率，是审计理论和实践的重大突破。

1. 审计抽样的含义

审计抽样是指审计人员对某类交易或账户余额中低于百分之百的项目实施审计程序，所有抽样单元都有被选取的机会。审计抽样使审计人员能够获取和评价与被选取项的某些特征有关的审计证据，以形成或帮助形成对样本的总体结论。

在设计审计程序时，审计人员应当使用适当的方法选取测试项目，以获取充分、适当的审计证据，实现审计目标。审计人员可以根据具体情况，单独或综合使用选取全部项目、选取特定项目和测试方法。

（1）任意抽样，是当审计从详查法向抽查法演变时最先运用的一种审计抽样方法。它是在被审查的资料中，任意抽取一部分样本进行审查，并以样本的审查来推断总体的一种方法。

（2）判断抽样又称重点抽样，是指审计人员根据被审计单位会计核算的质量、内部控制制度的有效程度、审计目的和任务等实际情况，凭实际经验和主观判断来抽取样本，并以样本的某项结果来推断总体的结果。

（3）统计抽样，是指审计人员运用概率论原理，遵循随机原则，从审计对象总体中抽取一部分样本进行审查，然后以样本的审查结果来推断总体的一种抽样方法。

统计抽样的依据是概率统计原理和健全的内部控制制度。通过随机选取样本，运用概率论评价样本结果和抽样风险，从而形成充分有效的审计证据。

统计抽样的特点：统计抽样能科学地确定抽样规模；能够客观地计量抽样风险，并通过调整样本规模精确地控制风险；抽样结果科学可靠；促进审计工作规范化。

2. 审计抽样的应用

（1）属性抽样，是指在一定精确度和可靠度的条件下，为了测定总体特征的发生概率而采用的一种审计抽样方法。属性抽样用于符合性测试方面的审计抽样。

1）属性抽样的一般步骤：确定预计差错发生率；确定精确度；确定可靠程度；确定样本数量；选择随机抽样方法。

2）随机抽样方法包括以下几个方法：

① 随机数表法，是指任意组成五位数字，同时把这五位数字完全随机地纵横排列所构成的一种表格。使用随机数表或计算机辅助审计技术选样又称随机数选样。使用随机数选样需以总体中的每一项目都有不同的编号为前提。审计人员可以使用计算机生成的随机数，也可以使用随机数表获得所需的随机数。

② 系统抽样法又称等距抽样法或间隔抽样法，是以总体中的某一标志排列为出发点，按照固定的顺序，每隔一个固定间隔抽出一个样本的随机抽样方法。

系统抽样法的主要优点是使用方便，比其他选样方法节省时间，并可用于无限总体；对总体中的项目不需要编号，审计人员只要简单数出每一个间距即可。但是，该方法要求总体必须是随机排列，否则容易发生较大的偏差。例如，应收账款明细表每页的记录均以账龄的长短按先后次序排列，则选中的 200 个样本可能多数是账龄相同的记录。

为克服系统抽样法的缺点，可采用两种办法：一是增加随机起点的个数；二是在确定选样方法之前对总体特征的分布进行观察。如果发现总体特征的分布呈随机分布，则采用系统抽样法；否则，可考虑使用其他选样方法。

③ 分层抽样法又称分组抽样法，是指按照一定标准将总体划分为若干层次，然后对每一层次进行随机抽样，以判断总体的一种方法。

④ 整群抽样法又称整体抽样法，是先将总体项目按某一标志分在若干群，然后使用随机数表法或系统抽样法抽样，整体地抽取样本的方法。

（2）变量抽样法，是指审计人员用来估计总体金额所处区间的一种统计抽样方法，是用于实质性测试方面的统计抽样方法。变量抽样是通过审查会计资料及有关账户是否真实、合法来取得审计证据，从而做出审计结论，适用于企业存货、应收款项等项目的估计。在实际操作中，变量抽样又可分为平均值估计、差异估计和比率估计等多种形式。

任务二　掌握审计证据

任务要求

1. 了解审计证据的种类
2. 掌握收集审计证据的方法
3. 区别直接审计证据和间接审计证据
4. 掌握最强有力的审计证据

知识储备

凡事要有证据，没有证据的结论没有说服力！

要实现审计目标，必须收集和评价审计证据。审计证据是审计方法的重要组成部分，是审计实务的核心工作。为了规范财务报表审计中审计证据的构成，明确注册会计师设计和实施审计程序以获取充分适当的审计证据的责任，2011 年 1 月 1 日起施行了《中国注册会计师审计准则第 1301 号——审计证据》。审计人员应按该准则的要求，通过恰当的方式设计和实施审计程序，使其能够获取充分、适当的审计证据，以得出合理的结论，作为形成审计意见的基础。

一、审计证据的含义和特征

1. 审计证据的含义

审计证据，是指审计人员为了得出审计结果、形成审计意见所依据的结论而使用的信息，包括财务报表依据的会计记录中含有的信息和其他信息。

2. 审计证据的作用

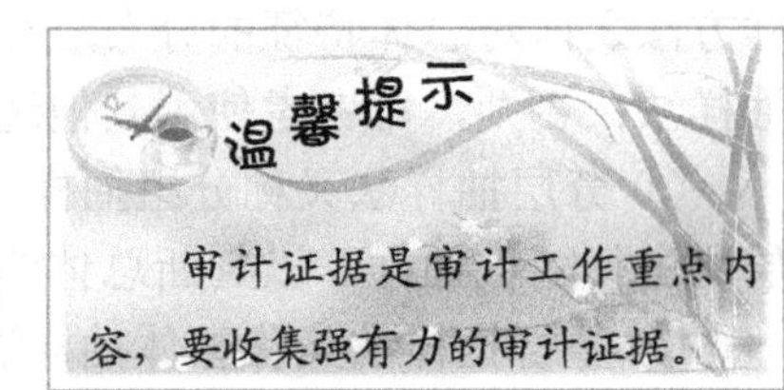

（1）审计证据是形成审计意见，得出审计结论的基础。

（2）审计证据是追究或解除被审计单位经济责任的事实根据。

（3）审计证据是控制审计工作质量的重要工具。

3. 审计证据的特征

具体来说，审计证据应同时具备以下特征：

（1）客观性，是指审计证据必须是客观存在的事实材料，不能是主观虚构的产物。审计证据的客观性受其来源和性质的影响，并取决于获取的具体环境。审计人员在确定时应考虑：从外部独立来源获取的审计证据比从其他渠道获取的审计证据更可靠；直接获取的审计证据比间接获取的审计证据更可靠；书面证据、实物证据比口头证据更可靠；从原件获取的证据比从传真和复印件获取的证据更可靠；内部控制制度有效时生成的审计证据更可靠。

（2）相关性，是指审计证据与审计目标之间，以及与其他审计证据之间的内在联系程度。审计人员在确定审计证据的相关性时，应考虑以下几个方面：

1）特定的审计程序可能只为某些认定而提供相关的审计证据，而与其他认定无关，例如“固定资产盘点表”只能证明固定资产的存在，而不能证明所有权。

2）对同一项审计可从不同来源获取审计证据，例如审计人员可通过应收账款和其他应收款的审计来获取坏账准备的审计证据。

3）只与特定认定相关的审计证据并不能代替与其他认定相关的审计证据，例如有关存货实物存在的审计证据不能代替与存货计价相关的审计证据。

（3）充分性，是指审计证据的数量能足以证明审计事项的真相并形成审计结论。客观公正的审计意见必须建立在足够数量的审计证据基础上。审计证据的数量受错报风险的影响，风险越大，需要的审计证据就越多。

审计证据的充分性要与审计人员确定的样本量有关，例如对某个审计项目实施某一特定的审计程序，从200个样本中获得的证据要比从100个样本中获得的证据更充分，但是这并不是说审计证据的数量越多越好。

二、审计证据的种类

审计证据的种类繁多，其形式与取得途径等方面均有所不同。审计实务中，应对审计证据进行合理、科学分类，这样能提高工作效率，便于恰当地使用和评价审计证据。审计证据的分类如下。

1. 审计证据按其存在形式（或外形特征）分类

审计证据按其存在形式（或外形特征）分类，可分为实物证据、书面证据、口头证据和环境证据。

（1）实物证据，是指通过实际观察和盘点取得的，用于确定某些实物资产是否确实存在的证据。实物证据通常是用于证明被审计事项是否存在以及存在数量最有力的证据。一般而言，实物证据是证明力最强的审计证据。但它不能证明被审计事项的所有权归属，也不能证明被审计事项价值的正确性。

（2）书面证据，是指以书面形式存在的，并以其记载内容证明审计事项的证据，例如与审计有关的会计凭证、会计账簿、会计报表、合同、会议记录、协议、函件等。书面证据种类多，范围广，因此书面证据是审计证据的主要组成部分，在审计证据中占有非常重要的地位，具有比较强的证明力，但比实物证据差。

（3）口头证据，是指询问、评价有关人员的陈述、意见、说明和答复等形式存在的，以知情人陈述的事实来证明审计事项的证据。口头证据可靠性差，但审计人员可通过口头证据挖掘出一些重要线索，从而促进对某些情况的调查。

（4）环境证据，是指对审计事项产生影响的环境状况，包括被审计单位所处的地理环境、外部经济环境、企业内部控制状况、企业承包经营条件、员工及管理人员素质等。环境证据是一种辅助证据，证明力较弱，不能直接用来形成和发表审计意见。

审计证据与具体审计目标的关系，见表2-1。

表2-1　审计证据与具体审计目标的关系

证据种类	审计目标							
	总体合理性	真实性	完整性	所有权	估价	截止	披露	分类
实物证据		√	√		√	√		
书面证据	√	√	√	√	√	√	√	√
口头证据	√	√	√	√	√	√	√	√
环境证据	√							

2. 审计证据按其来源分类

按来源渠道，审计证据可以分为亲历证据、外部证据和内部证据三类。

（1）亲历证据，是指审计人员亲眼目击、亲自参加或亲自取得的证据。例如，审计人员重新计算产品成本取得的审计证据，亲自参与盘点或编制的盘点表，观察被审计单位经济业务执行情况取得的审计证据。亲历证据可靠性较强，有较强的证明力。

（2）外部证据，是指审计人员从被审计单位以外的其他单位取得的审计证据。外部证据的证明力较强，审计人员在使用外部审计证据时，还应考虑提供证据的单位或人员的诚信程度。外部证据还可进一步分为以下两类：

1）未经过被审计单位的外部证据，是指由被审计单位以外的组织机构和人士编制，并由其直接交给审计人员的审计证据，例如应收账款函证的回函，被审计单位律师或其他独立专家出具的有关被审计单位或有负债、或有资产所有权等项目的证明函件。

2）经过被审计单位的外部审计证据，是指由被审计单位以外的机构或人士编制，但为被审计单位持有并提交给审计人员的审计证据，例如银行对账单、购货发票、应收票据、有关的契约、合同、协议等。

（3）内部证据，是指审计人员在被审计单位内部取得的审计证据，例如被审计单位的会计资料、计划、合同、销货单、会议记录等。内部证据的证明力较弱。

3. 审计证据按其证明力分类

（1）基本证据，是指能够用来直接证实被审计事项的重要证据，例如在审查财务报表时，审计人员所搜集到的各种会计记录及外来原始凭证的书面证据。

（2）辅助证据，是指能够支持基本证据证明力的证据，例如实物证据、口头证据、环境证据等。

掌握审计证据的种类，有助于正确地对审计证据进行归类和汇总，加深审计证据的理解和认识，提高审计工作效率和质量。

三、审计证据的收集、整理和鉴定

为了完成审计工作，实现审计目标，审计人员必须在审计工作一开始就要作出相关的决策，例如怎样收集审计证据，选取什么样的审计证据等。决策失误可能导致延长审计时间，增加审计费用，降低审计工作效率；也有可能耗时较短，费用较低，但未取得充分的证据，致使审计结果不准确，影响审计质量。

1. 审计证据的收集

审计人员可以通过检查记录或文件、检查有形资产、观察、询问、函证、重新计算、重新执行、分析程序等具体审计程序来获取审计证据。

（1）检查记录或文件，是指审计人员对被审计单位内部和外部生成的以纸质、电子或其他介质方式存在的记录或文件进行审查。例如，被审计单位的销售交易通常都保留一份顾客订单、一张发货单和一份销售发票副本。

（2）检查有形资产，是指审计人员对资产实物进行审查。检查有形资产程序大多数情况下适用于对现金和存货的审计，也适于对有价证券、应收票据和有形固定资产的验证，例如支票在签发以前是文件，签发以后是资产，核销以后又变成了文件。

（3）观察，是指审计人员察看相关人员从事的活动或执行的程序。

（4）询问，是审计人员通过书面或口头方式，向被审计单位内部或外部的知情人员取得财务和非财务信息，并对答复进行评价的过程。

（5）函证，是指审计人员为了获取影响财务报表或相关披露认定的项目的信息，通过直接来自第三方的信息和声明，获取审计证据的过程，如对应收应付账款的函证。

（6）重新计算，是指审计人员以人工方式或使用计算机辅助技术，对会计记录或文件中的数据计算准确性进行核对。重新计算通常包括计算销货发票和存货的总金额，加总日记账和明细账，检查折旧费用和应纳税额。

（7）重新执行，是指审计人员重新独立执行被审计单位内部控制的程序。例如，审计人员重新编制银行存款余额调节表与企业的银行存款余额调节表进行核对。

（8）分析程序，是指审计人员通过不同财务数据与非财务报表之间内在的关系，对财务信息做出评价，如重要比率的分析等。

此外，审计人员在收集审计证据时，还须注意取证方式、签名或盖章、异议证据的核实、取证的时间以及特殊措施等。

2. 审计证据的整理

一般而言，审计人员收集到的审计证据往往比较分散，其形式也复杂多样。要使其系统、有序、彼此联系，并形成具有充分、适当证明力的证据，必须按一定的程序和方法对相关证据加以归纳、分析和综合，使其具有充分的证明力，最终得出审计结论和审计意见。审计证据整理的主要方法有以下几种：

（1）分类，是指审计人员将收集到的证据按其证明力的强弱或与审计目标的相关程度分门别类、排列成序。分类整理可使审计证据系统化、条理化，有助于审计人员对被审计单位形成正确的审计结论。

（2）计算，是指对数据形式的审计证据再加以计算整理，并从计算结果中进一步收集新的证据。

（3）比较，是指将各种审计证据加以比较，借以分析被审计单位经济活动的特征及其变化趋势。

（4）小结，是指在分类、计算、比较的基础上，审计人员对审计证据进行归纳、总结，得出局部审计结论。

（5）综合，是指将局部的审计结论进行综合分析，形成整体审计意见。

3. 审计证据的鉴定

审计证据的鉴定主要包括以下几方面内容。

（1）鉴定证据的真实性，是指证据所反映的内容上对客观存在的经济活动及其变化的真实描述。

（2）鉴定证据的可靠性，是指证据的来源必须可靠，证据本身是可靠的。一般来讲，证据受个人支配程度越小，被改的机会越少，就比较真实可靠。审计人员不是鉴定文件记

录真伪的专家，但应当考虑用作审计证据的信息的可靠性，并考虑与这些信息相关的控制有效性。

（3）鉴定证据的相关性，是指审计证据与审计目标是否相关，能否在一定程度上直接或间接地证明审计事项，证据与证据之间是否相关，能否相互印证。如果证据之间相互矛盾，就应收集更多的相关证据加以判断。

（4）鉴定证据的重要性，是鉴定审计质量的一个重要标准，例如数额大小，问题性质的严重程度。

（5）鉴定证据的充分性。审计证据既要从质量上判断，同时也要考虑证据的数量。

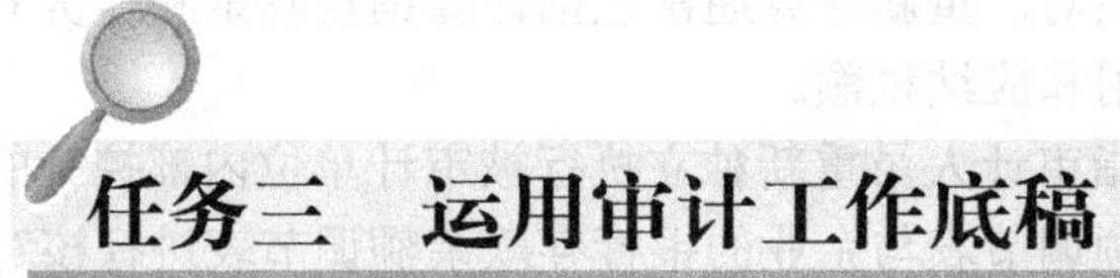

任务三 运用审计工作底稿

任务要求

1. 了解审计工作底稿的含义与种类
2. 掌握审计工作底稿的填写技巧
3. 区别审计工作底稿的性质
4. 掌握审计工作底稿的编制方法

知识储备

审计工作底稿是记录审计证据的载体，设计合理与否直接关系到审计结论是否准确。

一、审计工作底稿的含义与作用

1. 审计工作底稿的含义

审计工作底稿是审计证据的载体，是审计人员在审计过程中所形成的审计记录，获取相关的审计证据，得出审计结论的资料。审计工作底稿也是审计人员在审计工作过程中形成的记录和获取的有关资料，形成于审计过程，也反映整个审计过程。

2. 审计工作底稿的作用

审计工作底稿在审计工作中占有十分重要的地位，主要表现在以下几个方面：审计工作底稿是联系整个审计工作的纽带，是形成审计结论、发表审计意见的直接依据，用于佐证和解释审计报告，是明确审计责任、考评审计人员专业能力和工作业绩的重要证据，对未来审计业务具有参考价值。

二、审计工作底稿的种类

审计工作底稿可按性质、时间等不同标准进行分类。

1. 审计工作底稿按性质分类

（1）综合类工作底稿，是指审计人员在审计计划阶段和审计报告阶段为规划、控制和总结整个审计工作，发表审计意见所形成的工作底稿，主要包括被审计单位的基本情况表、审计业务约定书、审计计划书、审计总结、试算平衡表、审计报告以及审计人员对整个审计过程所有记录和资料。

（2）业务类工作底稿，是指审计人员在审计实施阶段，为执行具体审计程序所形成的审计工作底稿，如各种抽查表、测试表、审计程序表等。

（3）备查类工作底稿，是指审计人员在审计过程中形成的，对审计工作一般仅具有参考、备查作用的审计工作底稿，例如批准书、营业执照、重要合同、协议、会议记录等文件的复印件。

2. 审计工作底稿按使用期限分类

（1）长久性档案的工作底稿，是指记录的内容固定，具有长期使用价值，并对以后审计工作具有重要影响和直接作用的审计工作底稿。

（2）当期档案的工作底稿又称一般档案的工作底稿，是指记录内容经常变动，只供当期审计使用和下期审计参考的审计工作底稿。

三、审计工作底稿的基本内容和格式

1. 审计工作底稿的基本内容

（1）被审计单位的名称。

（2）审计项目名称。审计项目主要有两类：一类是对会计报表进行的实质性测试，如存货审计；另一类是在对某一业务循环目标进行的审计，如销售及收款循环审计。

（3）审计项目时点或期间。审计项目的时点指某一资产负债表项目的报告时点，如“2011年12月31日”；审计项目的期间是指某一损益项目的报告期间，如“2011年年度”。

（4）审计过程记录，即审计人员对审计项目实施测试所作的记录。

（5）审计标识及其说明，是指审计人员为简洁表达审计含义而采用的符号。

（6）审计结论，即审计人员通过实施必要的审计程序后，对审计项目所作的专业判断。

（7）索引号和页次，是指某一审计项目审计工作底稿的特定编号。

（8）编制者姓名及编制日期。编制审计工作底稿的审计人员必须在审计工作底稿上签名和签署日期。

（9）复核者姓名及复核日期。审计复核人员必须在其复核过的审计工作底稿上签名和签署日期。

（10）其他应说明事项，即审计人员根据专业判断，认为应在审计工作底稿中予以记录的其他事项。

2. 审计工作底稿的格式

不同的审计项目，执行不同的审计程序，要求用不同方式表达，因而审计工作底稿的内容和格式不可能完全相同。一般审计工作底稿见表 2-2。

表 2-2 审计工作底稿基本格式

索引号： 金额单位： 共 页第 页

<table>
<tr><td>被审计单位名称</td><td colspan="4"></td></tr>
<tr><td>审计事项</td><td colspan="4"></td></tr>
<tr><td>实施审计期间或者截止日期</td><td colspan="4"></td></tr>
<tr><td>审计过程记录</td><td colspan="4"></td></tr>
<tr><td rowspan="2">审计结论
或者审计查出问题
摘要及其依据</td><td colspan="4"></td></tr>
<tr><td>审计人员</td><td></td><td>编制日期</td><td></td></tr>
<tr><td rowspan="2">复核意见</td><td colspan="4"></td></tr>
<tr><td>审计人员</td><td></td><td>复核日期</td><td></td></tr>
</table>

四、审计工作底稿的形成与复核

1. 审计工作底稿的形成

（1）编制要求。审计工作底稿在内容上应做到资料翔实、重点突出、繁简得当、结论明确；在形式上应做到要素齐全、格式规范、标识一致、记录清晰。

（2）获取要求。审计工作底稿应注明资料来源，实施必要的审计程序，形成审计记录。

2. 审计工作底稿的复核

由于一份单独的审计工作底稿往往由一名审计人员编制完成，难免会存在在资料引用、专业判断和计算分类方面的误差。因此，对已经编制完成的审计工作底稿必须安排有关专业人员进行复核，以保证审计意见的正确性和审计工作底稿的规范性。

（1）审计工作底稿复核制度，是审计机关或会计师事务所对有关复核人员的级别、复核人员的职责等作出的明文规定。

（2）审计工作底稿复核要点如下：

1）审计工作底稿形式上各要素是否齐全，是否规范。

2）审计工作底稿记录的事项所引用的资料是否翔实可靠。

3）各种审计程序是否按计划实施并取得相应的证据。

4）各种审计证据是否充分适当。

5）审计判断是否有理有据。

6）审计结论是否恰当。

（3）审计工作底稿复核的基本要求。复核审计工作底稿不仅关系到审计工作的效率与效果，而且也关系到审计质量及质量控制，是实施质量控制、降低审计风险的重要程序。因此，必须认真进行复核工作，制定明确的复核规则和要求。通常，复核时应注意以下要求：

1）记录存在问题的答复与处理。如果复核中发现有不正确或不完善的问题，复核人员应指示有关人员予以答复和处理，并做出相应文字记录。

2）签署姓名和日期。每一级的复核人员完成复核工作后，应在审计工作底稿中规定的位置签署姓名和复核日期，以分清复核责任，也便于上级复核人对下级复核人的监督。

3）签署复核意见。各级复核人员完成复核工作后应明确地表示复核意见，并签署在审计工作底稿上。

4）督促编制人员及时修正存在问题，完善补充有关资料。

（4）审计工作底稿三级复核制度。审计工作底稿三级复核制度是指以主任会计师、部门经理（或签字注册会计师）和项目负责人（或项目经理）为复核人，依照规定的程序和要点对审计工作底稿进行逐级复核的制度。三级复核制度的第一级复核称为详细复核，指由项目经理（或项目负责人）负责，对注册会计师编制或取得的审计工作底稿逐张进行复核，其目的在于按照准则的规范要求，发现并指出问题，及时加以修正完善。三级复核制度目前已成为较为普遍采用的形式，对于提高审计工作质量、加强质量控制起到重要的作用。

任务四　了解审计程序

任务要求

1. 了解审计工作的基本过程
2. 熟练掌握审计准备阶段的主要工作内容
3. 掌握审计约定书的含义
4. 明确审计实施阶段的主要内容

知识储备

审计程序是审计工作的实施步骤，安排得是否合理会影响到审计质量。

一、审计程序的含义

审计程序是指审计项目从开始到结束的整个过程。在审计工作过程中不论被审计项目大

小，审计组织和人员都必须制定和遵循的规范化程序。按照审计程序开展审计可以使审计工作有组织、有计划地进行，从而达到提高审计工作效率和保证审计工作质量的目的。

不论政府审计、内部审计还是民间审计，也不论是财政财务审计、财经法纪审计，还是经济效益审计，审计的程序一般包括准备、实施和报告三个阶段，如图 2-3 所示。

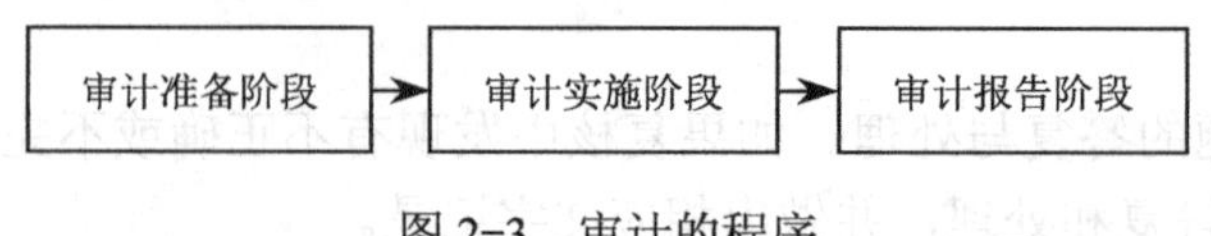

图 2-3　审计的程序

二、审计准备阶段

审计准备阶段，是指审计人员从接受审计任务，制订审计工作方案，发出审计通知书或具体实施审计之前这一段时间。审计准备阶段是整个审计工作的起点，为开展和执行审计业务做好准备，工作内容主要包括以下几个方面：

（1）明确审计任务。

（2）组织审计力量。

（3）了解被审计单位的基本情况。

（4）撰写审计工作方案，主要包括：

1）被审计单位的基本情况。

2）审计的种类、内容、目的和方式。

3）审查账目的起止时间。

4）审计人员的组成和负责人员。

5）每项内容的时间安排和人员安排。

6）审计中应注意的事项。

7）审计报告的日期。

8）审计工作方案的编制及批准人。

（5）下达审计通知书。审计通知书应写明被审计单位的名称、审计范围、内容、时间和方式，审计组长及成员名单以及被审计单位配合工作的要求。

三、审计实施阶段

审计实施阶段是指在审计的各项准备工作就绪后，从审计人员进驻被审计单位实施审计开始，到审计外勤工作结束这一段时间。审计实施阶段是审计全过程的中心环节，也是整个审计工作的关键阶段。审计人员根据审计计划的要求，进行审计取证和评价，以此形成审计结论，其工作主要包括以下环节：

（1）进驻被审计单位。

（2）审查和评价内部控制制度。

（3）审查会计资料及其所反映的经济活动。

（4）收集并记录审计证据。

四、审计报告阶段

审计报告阶段是指完成审计任务的外勤工作，从整理、评价证据到报送审计报告以及审计资料归档这一段时间。报告阶段是形成审计意见的关键阶段，表明实质性的项目审计工作的结束。做好报告阶段的工作对于整个审计工作的成果，考核审计工作的质量，有其重要的意义。审计报告阶段是整个审计过程的全面总结阶段，其工作主要包括：

（1）整理、评价审计证据。

（2）复核审计工作底稿。

（3）编写审计报告。

（4）提出管理建议。

（5）审计资料的归档。

五、审计程序中的复审和后续审计

1. 复审

复审是审计机关根据被审计单位的申请，对下级审计机关做出的审计结论和审计处理决定进行复查，并做出裁决的审计。

在两种情况下可进行复审：一是审计机关主动进行，二是被审计单位申请。

2. 后续审计

后续审计是指审计终结后，为了审查审计结论与决定下达后，被审计单位对审计结论和处理决定以及审计建议的执行情况。后续审计一般由完成审计项目的审计机关或其授权委托的审计组织执行。

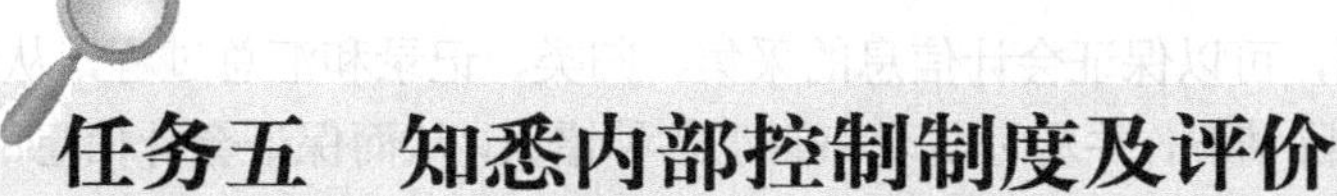

任务五 知悉内部控制制度及评价

任务要求

1. 了解审计内部控制的内容
2. 掌握审计的内部控制方法
3. 了解审计工作中的不相容职务

知识储备

企业的内部控制制度是否健全关系到审计工作是否顺畅。

一、内部控制制度的概念及其影响因素

1. 内部控制制度的概念

企业内控制度是由企业董事会、监事会、经理层和全体员工实施的，旨在实现控制目标。这个定义反映了以下基本概念：

（1）企业内部控制是一个过程，是实现目的手段，而绝不是目的本身。

（2）企业内部控制是人员来实施的。

（3）企业内部控制对于企业目标的实现只是提供合理的保证。

（4）企业内部控制被用来实现一个或多个彼此独立又相互交叉的类别的目标。

（5）企业内部控制是企业对员工的生产安全、信息安全等方面的合理控制。

（6）内部控制需要企业一把手“管理者代表”的职能授予。

2. 影响内部控制制度的因素

（1）内部控制制度的规模受控制目标的制约。

（2）内部控制制度的控制环节受企业规模和经营特点的制约。

（3）内部控制制度的设计和运行受成本效益关系的制约。

（4）内部控制制度的执行取决于工作人员的觉悟和素质。

（5）内部控制制度可能因经营环境、业务性质的改变而削弱或难以充分发挥作用。

二、内部控制制度的作用

内部控制制度作为企业生产经营活动的自我调节和自我制约的内在机制，处于企业中枢神经系统的重要位置。企业规模越大，其重要性越显著。可以说，内部控制制度健全与否，是单位经营成败的关键。企业内部控制制度主要有以下几方面的作用：

1. 保证会计信息的真实性和准确性

健全的内部控制，可以保证会计信息的采集、归类、记录和汇总过程，从而真实地反映企业的生产经营活动的实际情况，并及时发现和纠正各种错误，从而保证会计信息的真实性和准确性。

2. 有效地防范企业经营风险

在生产经营活动中，企业要生存发展，就必须对各类风险进行有效的预防和控制。内部控制作为企业管理的中枢环节，是防范风险最为有效的一种手段。它通过对企业风险的有效评估，不断加强对企业经营薄弱环节的控制，把企业的各种风险消灭在萌芽之中，是企业风险防范的一种最佳方法。

3. 维护财产和资源的安全完整

健全完善的内部控制能够科学有效地监督和制约财产物资的采购、计量、验收等各个环节，从而确保财产物资的安全完整，并能有效地纠正各种损失浪费现象。

4. 促进企业的有效经营

健全有效的内部控制，可以利用财务、生产、业务等各部门的制度规划及有关报告，把企业的生产、营销、财务等各部门及其工作结合在一起，从而使各部门密切配合，充分发挥整体作用，以顺利实现企业的经营目标。同时，由于严密的监督与考核，能真实地反映工作业绩，配合合理的奖惩制度，便能激发员工的工作热情及潜能，从而促进整个企业经营效率的提高。

三、内部控制制度的种类

内部控制可以按不同的标准进行分类。

1. 按控制结构分类

（1）内部牵制控制，是以内部牵制的设想为基础，在经济业务处理过程中，由经济业务事项涉及的有关各方面相互制约的一种控制。内部牵制的确定主要包括以下内容：凡事都必须经过两个人以上进行处理；坚持审批与经办分管；钱、账、物及业务经办人分管；制定经济业务的专用凭证，以明确各部门和人员的经济责任。

（2）经济责任控制。根据责、权、利相结合的原则，企业实行多种形式的承包经营责任制，并相应实行厂长负责制和任期目标责任制。其内容是以经济责任为中心，将承包经营各项指标，落实到各车间和班组乃至个人，以确定责任为约束，以检查责任履行情况为监督，并根据检查的结果来确定奖惩。

（3）业务程序控制。根据企业生产经营环节和生产工艺流程，制定手续流程制度，设计流程图表，凭以进行操作。

（4）财产管理控制，是保护企业财产安全完整的一种内部控制措施，其目的是预防或制止各种过失错误和舞弊行为的发生，从而保护企业财产的安全、完整，保证其合理使用。

（5）内部会计控制，是通过会计核算和监督进行的一种控制，以达到会计法规定的企业会计核算资料真实、完整，会计信息应正确可靠的要求。

（6）人事组织控制，是指导企业内部对人员如何组织，调动广大职工的积极性，并通过人才的合理使用来提高企业经济效益所进行的一种控制。

（7）计划预算控制，是根据为完成经营目标提出的要求，对生产和经营业务活动，实行计划和预算管理所形成的一种控制。

（8）内部审计控制，是部门或单位内部专设的审计机构，对本单位的财政、财务收支及其经济关系开展经常性的审计活动，用以查错防弊、改善经营管理、提高经济效益的一种经济活动。

2. 按控制方式进行分类

（1）预防性控制，是为了预防错误和舞弊发生所实施的控制。

（2）察觉性控制，是为了及时查明已发生的错误和舞弊所实施的控制。

（3）纠正控制，是对那些由察觉性控制查出来的问题的控制。

（4）指导性控制，是为了实现有利结果而采取的控制，是由管理层进行的。

（5）补偿性控制，是对某些环节不足或缺陷而采取的控制措施。

3. 按建立目的进行分类

（1）保护财产物资安全完整的控制。财产物资控制是为了确保财产物资的安全所实施的

控制，例如材料的验收和领用制度、固定资产定期盘点制度。

（2）保证会计资料可靠性和正确性控制，是为了确保会计信息的真实、正确和可靠所实施的控制，例如会计记录的定期核对制度、会计凭证的复核制度。

（3）保证经济活动合法性和效益性的控制。

4. 按工作范围进行分类

按工作范围分类，内部控制制度可分为内部管理控制制度和内部会计控制制度。

（1）内部管理控制制度。生产控制是为了保证生产有效进行，充分利用设备，取得良好的经济效益所采用的措施和方法。质量控制是指为了提高产品质量，降低废品和次品率所采取的措施和办法。技术控制是为了保证企业生产活动及研发新产品活动的技术要求和标准，进而提高产品的技术规程等。设备控制是为了保证机器设备经常处于良好状态，对设备的选购、验收、保养、检修、保管、调拨、报废、更新、所制定的各种规章制度。物资控制是指为了保证生产的正常进行，及时、经济、合理地供应所需的各种物资所制定的定额，以及物资的采购、收发、保管等规章制度。劳动控制是指为提高劳动生产率，提高职工的素质所制定的制度。销售控制是指为了扩大产品的销售和提高产品的竞争力所采取的措施和办法。计划控制是指为了顺利实现企业的既定目标，完成预算的生产计划、成本计划所采取的方法和措施。

（2）内部会计控制制度。财务控制是指为了保证及时、合理地筹集和使用资金，加速资金的循环和周转，提高资金使用效率所采取的措施和办法。核算控制是指为了加快核算速度，提高核算质量，保证会计核算、统计核算和其他业务核算的真实性和可靠性所采取的措施和办法。会计档案控制是指为了更好地开展会计检查，为打击经济犯罪提供证据而制定的会计档案的保管内容、期限、销毁的规定、未了事项的处理等措施和方法。它为内部和外部审计工作的开展奠定了基础。

四、内部控制制度的内容

1. 内部控制制度的构成要素

（1）控制环境是指对建立或实施某项政策发生影响的各种因素，主要反映单位管理者和其他人员对控制的态度。控制环境主要包括对诚信和道德价值观念的沟通与落实，对胜任能力的重视，管理层的参与程度及其理念和经营风格，组织结构，职权与责任的分配，人力资源政策与实务。

（2）会计系统是指单位为了汇总、分析、分类、记录、报告单位的业务活动，并保持对相关资产与负债的受托责任而建立的方法和程序。

（3）控制程序是指管理者所制定，用以保证达到一定目的的方针和程序。

2. 内部控制制度的内容

（1）组织规划控制，是指对单位组织机构设置、职务分工的合理性和有效性进行的控制。

1）不相容职务的分离。不相容职务是指一项业务活动中的授权、批准、执行和记录等完全由一个人或一个部门办理时，发生错误和舞弊的概率就会增大的两项或两项以上的职务。在实际工作中，应当加以分离的职务通过常有：①会计的总账、明细账、日记账相分离；②交易的批准与交易的执行及相关资产的保管相分离，例如审批支付货款与出纳不能由一个人同时承担，审批发货与仓库保管不能由一个人同时担任；③采购员、售货员不能同时兼任记账、出纳工作；④资产的保管与会计责任分离，如仓库保管员不能同时负责材料明细账的记录；

⑤经济责任与会计责任的相分离；⑥电子数据处理环境中的职责分离。

2）组织机构的相互控制。单位要根据工作的需要而分设不同的部门和机构，并且组织机构的设置职责分工应体现相互控制的要求。各组织机构的职责权限必须得到授权，并保证在职责范围内的职权不受外界的干扰；每类经济业务在运行中必须经过不同部门，并保证业务循环中有关部门之间进行相互相检查；在每类业务的检查中，检查者不应该受被检查者的领导，以确保被检查出的问题得以迅速解决。

（2）授权批准控制，是指企业各级员工必须经过授权和批准才能对有关的经济业务进行处理，未经授权和批准，就不允许这些员工接触和处理相关业务。例如，在采购材料时，企业规定采购员在 10 000 元以下范围内可根据实际情况决定是否购进，而对于超过 10 000 元的材料采购业务，必须经过主管领导批准方可购进。

（3）目标计划控制，是一种综合性的全面控制，是企业根据既定目标制订各种计划，并通过计划来约束企业经济活动的一项控制。

（4）信息质量控制，是指对企业经济活动中记账、结算、报账等环节进行控制，例如健全的凭证制度、合理的会计核算程序、严格的日常核对与复核制度。

（5）财产安全控制，是指企业为了确保其财产物资的安全完整所采取的各种方法和措施。

（6）文件记录控制，是指企业在经营过程中，对于整体的规划、实施的方针、有关的要求、注意的事项、奖惩办法等制成书面文件，并且下发给各级管理或工作人员，依据书面文件进行审查和督促。

（7）人员素质控制，是指通过相应的措施和方法使人员的积极性得以充分发挥，技能得以充分展现，避免用人不当，影响经营目标的实现，例如规范的人员招聘程序、合理的考核标准、规范的培训计划、适当的奖惩制度、重要岗位轮换制度等。

（8）内部审计控制，是指通过内部审计，促使企业的各种控制得以实现。对本单位的内部控制制度是否健全、有效，是否达到控制目标，进行充分了解和恰当评价。在此基础上，找出控制的薄弱环节，提出改进建议和措施，以完善内部控制制度。

3. 内部控制制度的评审程序和方法

（1）内部控制制度的评审程序。

1）了解内部控制制度。《中国注册会计师准则第 1211 号——了解被审计单位及其环境并评估重大错报风险》第四十五条规定："注册会计师应当了解与审计相关的内部控制以识别潜在错报的类型，考虑导致重大错报风险的因素，以及设计和实施进一步审计程序的性质、时间和范围。"因此，审计人员在实施控制测试前需要了解被审计单位的内部控制制度。

2）调查了解内部控制制度的方式：①询问被审计单位有关人员，并查阅相关内部控制文件。询问的方式主要有口头询问和调查表询问两种。②观察被审计单位业务活动和内部控制的运行情况。观察是指审计人员到被审计单位所在地，进行实际观察，并通过观察掌握第一手资料，例如原始凭证、会计科目表和会计记录等，了解到书面记录是否完整准确，保存是否安全，内部控制是否有效。③审查内部控制生成的文件和记录。审查被审计单位的内部控制制度，并将其分门别类，判定其是否健全、合理，衔接是否紧密、科学，进而判断其有无缺陷和弱点。④重新执行又称验证法，就是审计人员按照被审计单位内部控制制度的规定，对有关业务重新做一遍，以判断有关人员是否遵守了内部控制制度。

必须注意，以上方法不是彼此孤立的，而是相辅相成的，在调查了解内部控制的过程中要注意综合运用。

3）从健全性、合理性、有效性三个方面对内部控制制度作出恰当的评价。

（2）内部控制制度的评审方法。内部控制制度评审的一般方法主要有以下几种：

1）文字表述法，是审计人员将被审计单位内部控制的建立和执行情况以简练的文字叙述表达出来，进而确定内部控制制度是否健全、有效的一种方法，见表 2-3。

表 2-3　内部控制文字说明

被审计单位		××公司	财务报表日	12/31/2011	索引号	9-2
			编制人		日期	
业务类型	销售和收款		复核人		日期	
内部控制制度	销售部门与顾客签订托收承付购销合同。当销售部收到顾客订货单一式两联后，林民负责登记，刘伟负责审查购销合同上的商品名称、种类、质量要求、数量、价格、交货日期和付款方式，并在购销合同上签署意见，将其中一联留存，另一联送交会计部李明。在经过会计部门批准之后，销售部编制提货单和一式三联的销售单，提货单送交顾客、销售单一联保存，另外两联分别送仓管部和会计部，顾客凭提货单到仓管部提货。仓管部在核对销售单与提货单相符后，编制一式四联装运凭证，一联保存，一联用于编制产品发出汇总表，另外两联分别报送会计部和销售部。会计部根据产品发出汇总表登记库存商品明细账，并与库存商品总账核对，会计部李明核对装运凭证，核对销售单和顾客订货单相符后，开出一式四联的销售发票，一联留存，两联用于登记销售收入明细账并与总账核对，一联会同销售单、装运凭证及其他文件交与开户银行办理托收承付收款手续					

2）调查表法，是审计人员将被审计单位有关审计事项的内容设计成标准化的调查表，并通过询证的方式了解内部控制制度是否健全、有效的一种方法，见表 2-4。

表 2-4　销售与收款业务内部控制调查表

客户：________　调查人：________　日期：________

结账日：________　复核人：________　日期：________

调 查 问 题	是	否		不适用	备注
		轻微	严重		
（1）接受客户订单					
① 是否将顾客订单和顾客一览表对照？					
②对每张已接受的订单，是否都编制销货通知单？					
③销货通知单是否连续编号？					
（2）批准信用					
① 是否对所有新顾客实行独立的信用审查？					
② 是否在每次销售前审查顾客的信用额度？					
（3）发运商品					
① 每次发货是否都编制了发运凭证？					
② 发运凭证是否与销售通知单核对？					
③ 仓库发运货物是否与发运凭证核对？					
（4）开具发票					
① 每次开具发票是否有相应的发运凭证和经批准的销货通知单？					
② 是否复核销售发票的计价和加总的正确性？					
（5）销售的记录					
① 销售明细账与销货汇总表是否一致？					
② 销售发票是否按连续编号记入销售明细账？					
③ 是否定期与顾客核对应收账款明细账？					

（续）

调 查 问 题	是	否		不适用	备注
		轻微	严重		
（6）坏账处理					
① 所有的坏账冲销是否都有书面批准单？					
② 坏账的批准与账款的收取两职责是否实行分离？					
（7）销售退回与折让					
① 现金折扣是否经有关销售人员批准？					
② 销售退回和折让是否经有关销售人员批转？					
③ 销售退回和折让是否采用预先连续编号的贷项通知单？					
④ 销售退回和折让的批准与贷项通知单的职责是否实行分离？					
问题与评价：					

3）流程图法，是指用特定的符号和图形将内部控制制度中各种业务处理手续以及各种文件或凭证的传递流程，用图解的形式辅助以简要的文字或数字，直观地表现内部控制制度的一种方法如图 2-4 所示。

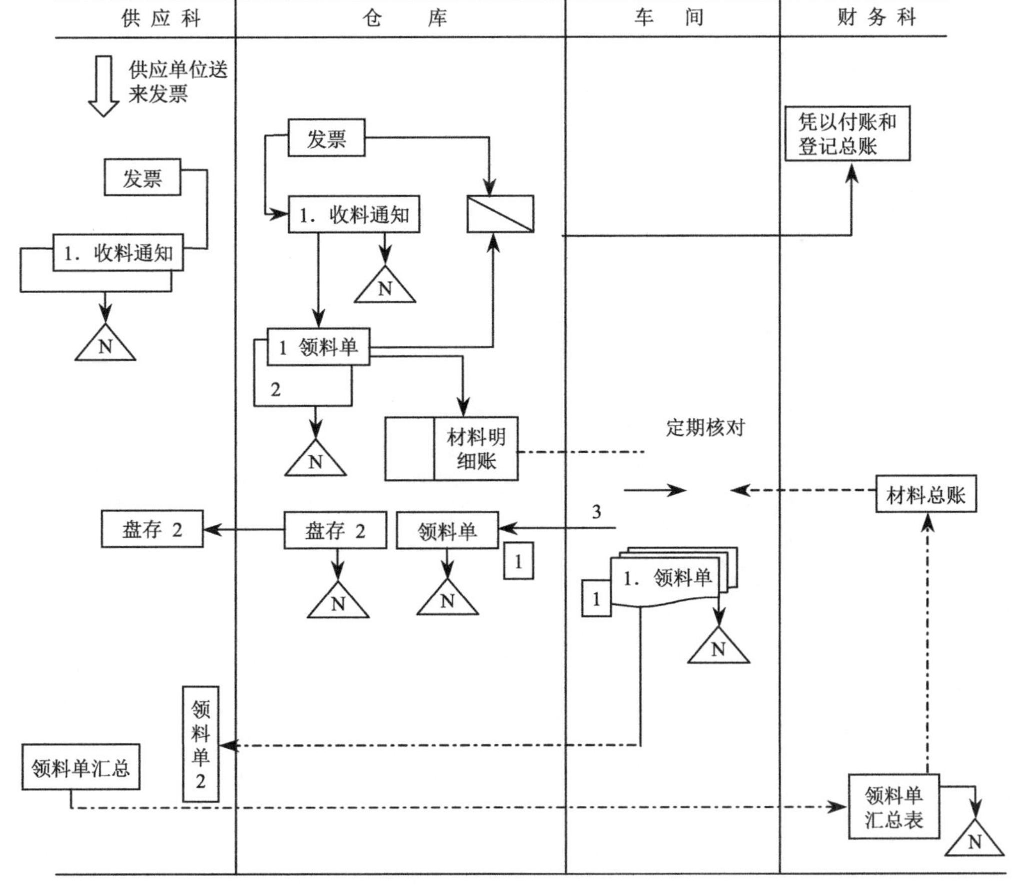

图 2-4 流程图的具体形式

项目总结

审计的基本方法主要对审计方法的选用、审计的技术方法和审计抽样的应用进行了讲述，以便学生了解方法体系和基础概念。

审计证据包括了审计证据的含义、作用和特征，审计证据的收集、鉴定和整理等方面的内容；审计证据必须载入审计工作底稿才能发挥作用。审计工作底稿的内容只有客观、相关、真实，才能使审计结论恰当和公正。

审计工作底稿是记录审计证据的载体，设计合理可以确保审计结论的质量。

审计程序是审计工作的步骤，主要包括审计的准备阶段、实施阶段和报告阶段。

项目三　货币资金审计

项目导航

学习目标

- 了解货币资金业务特性
- 熟悉货币资金内部控制
- 掌握货币资金审计程序
- 掌握货币资金审计方法
- 重点掌握库存现金的审查和银行存款的审查

具体任务

任务一　了解货币资金循环的特性

任务二　掌握货币资金内部控制测试

任务三　掌握库存现金审计

任务四　掌握银行存款审计

任务五　知悉其他货币资金审计

任务一　了解货币资金循环的特性

任务要求

1. 了解货币资金循环内容
2. 熟悉货币资金与其他业务循环的联系

知识储备

货币资金业务与其他业务循环存在着紧密的联系。那么，货币资金业务与其他业务循环相比有哪些特性？货币资金涉及其他业务循环的哪些业务内容？货币资金审计涉及哪些凭证和记录？

货币资金是企业资产的重要组成部分，企业的生产经营活动必须拥有一定数额的货币资金，

持有货币资金是企业生产经营活动的基本条件。因此货币资金在企业的会计核算中占有重要的位置。货币资金是流动性最强的资产，容易被贪污挪用，并且其业务涉及多个业务循环，核算业务数量繁多，容易出现错误。因此，货币资金审计具有重要意义，审计人员必须重视货币资金审计。

一、货币资金业务循环内容

货币资金业务循环主要有处理单据、受理结算凭证、办理结算、收付款项、账务处理和银行存款余额调节等内容。

1. 处理单据

对于与货币资金业务相关的单据的处理涉及企业各个职能部门，这些单据在经过处理后交财会部门。

2. 受理结算凭证

从企业外部转来的结算凭证要先经过销售部门或采购部门等受理后再送交财会部门处理。

3. 办理结算

根据销售合同、销售发票、提货单和运单等，编制代垫费用结算单，据以到银行办理收款转账或提取现金。

4. 收款与付款

根据销售发票和收款通知单等，办理收款业务；根据差旅费报销单、备用金报销单、付款凭单办理付款业务。每日终了，根据所收款项编制送款单，连同所收现金送存银行。

5. 账务处理

财务人员根据原始收款凭证编制收款凭证，登记现金账或银行存款账，根据原始付款凭证编制付款凭证，登记现金账或银行存款账簿。

6. 银行存款余额调节

根据开户银行对账单对银行存款余额进行调节，确保记录准确和资产安全。

二、货币资金与其他业务循环的联系

货币资金既是资本运动循环的起点，也是终点。在企业整个生命周期过程中，货币资金与各个业务循环存在着广泛而密切的联系，如图 3-1 所示。

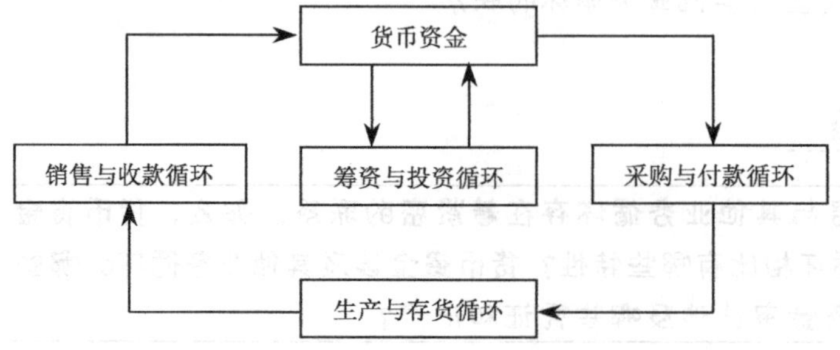

图 3-1　货币资金与其他交易循环的联系

企业的每个业务循环都涉及货币资金的核算，具体包括以下内容：

（1）在销售与收款循环中，产品销售收入的取得、劳务收入的实现和赊销货款的收回，都会导致货币资金的增加。

（2）在采购与付款循环中，购买固定资产、无形资产和存货等预付账款和支付赊购采购款，都会导致货币资金的减少。

（3）在生产循环中，企业支付职工薪酬、各种生产费用，会导致货币资金的减少。

（4）在筹资与投资循环中，企业发行股票、债券、向银行或其他金融机构贷款等活动会导致货币资金的增加，而企业购买股票、债券等投资活动会导致货币资金的减少，收回投资、收取股利、利息，则又会导致货币资金的增加。

可以说，企业的经济活动就是货币资金的循环过程。

三、货币资金业务涉及的主要凭证和会计记录

货币资金与企业的各个业务循环之间存在密切的联系，因而货币资金审计涉及的凭证和会计记录，包括所有的业务循环中与货币资金有关的凭证和记录。例如，采购过程中相应的采购发票和验收单，销售过程中销售发票、发货单等。因此，货币资金审计涉及的主要凭证和记录有：收款与付款凭证、现金盘点表、银行对账单、银行存款余额调节表、现金日记账、银行存款日记账、现金总账、银行存款总账及其他有关账户。

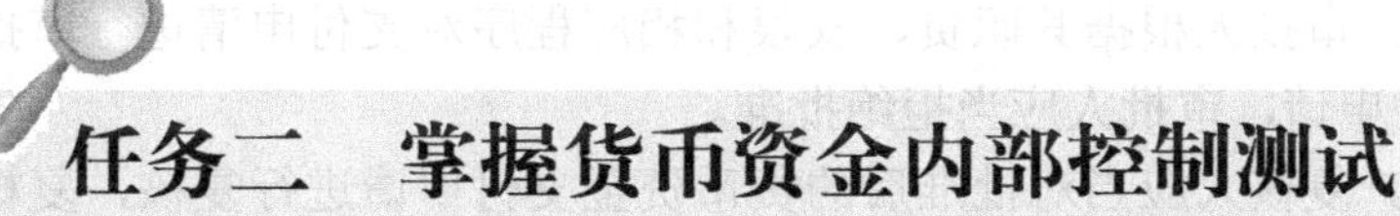

任务二　掌握货币资金内部控制测试

任务要求

1. 了解货币资金内部控制内容
2. 掌握货币资金内部控制测试

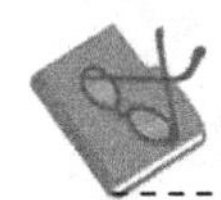

知识储备

货币资金业务数量庞大，涉及业务种类繁多，容易出现错弊，企业必须加强货币资金内部控制。那么，一个合理的货币资金内部控制制度应该包括哪些内容？货币资金内部控制应该如何进行测试呢？

一、货币资金的内部控制

货币资金是企业流动性最强的资产，日常收支频繁，并涉及企业其他业务循环，因此，企业必须建立健全货币资金内部控制制度，确保货币资金的安全完整，保证货币资金的

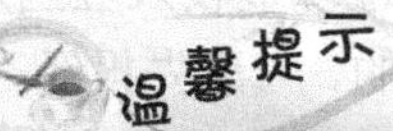

现金是流动性最强的资产，被审计单位应该建立健全现金内部控制制度。

收付符合国家的有关规定，保证货币资金的会计记录正确可靠。被审计单位应当根据国家有关法律法规的规定，结合本部门货币资金内部控制的规定，建立适合本单位业务特点和管理要求的货币资金内部控制制度，并组织实施。一般而言，货币资金内部控制应该包括以下几方面内容。

1. 岗位分工及授权批准

（1）单位应当建立货币资金业务的岗位责任制，明确相关部门和岗位的职责权限，确保办理货币资金业务的不相容岗位相互分离、制约和监督。出纳人员不得兼任稽核、会计档案保管和收入、支出、费用、债权债务账目的登记工作，不得由一人办理货币资金业务的全部过程。

（2）单位应当对货币资金业务建立严格的授权批准制度，明确审批人对货币资金业务的授权批准方式、权限、程序、责任和相关控制措施，规定经办人办理货币资金业务的职责范围和工作要求。

（3）审批人应当根据货币资金授权批准制度的规定，在授权范围内进行审批，不得超越审批权限。经办人应当在职责范围内，按照审批人的批准意见办理货币资金业务。对于审批人超越授权范围审批的货币资金业务，经办人员有权拒绝办理，并及时向审批人的上级授权部门报告。

（4）单位应当按照规定的程序办理货币资金支付业务。

1）支付申请。单位有关部门或个人用款时，应当提前向审批人提交货币资金支付申请，注明款项的用途、金额、预算、支付方式等内容，并附有效经济合同或相关证明。

2）支付审批。审批人根据其职责、权限和相应程序对支付申请进行审批。对不符合规定的货币资金支付申请，审批人应当拒绝批准。

3）支付复核。复核人应当对批准后的货币资金支付申请进行复核，复核货币资金支付申请的批准范围、权限、程序是否正确，手续及相关单证是否齐备，金额计算是否准确。支付方式、支付单位是否妥当等。复核无误后，交由出纳人员办理支付手续。

4）办理支付。出纳人员应当根据复核无误的支付申请，按规定办理货币资金支付手续，及时登记现金和银行存款日记账。

（5）单位对于重要货币资金支付业务，应当实行集体决策和审批，并建立责任追究制度，防范贪污、侵占、挪用货币资金等行为。

（6）严禁未经授权的机构或人员办理货币资金业务或直接接触货币资金。

2. 库存现金和银行存款的管理

（1）单位应当加强现金库存限额的管理，超过库存限额的现金应及时存入银行。

（2）单位必须根据《现金管理暂行条例》的规定，结合本单位的实际情况，确定本单位现金的开支范围。不属于现金开支范围的业务应当通过银行办理转账结算。

（3）单位现金收入应当及时存入银行，不得用于直接支付单位自身的支出。因特殊情况需坐支现金的，应事先报经开户银行审查批准。单位借出款项必须执行严格的授权批准程序，严禁擅自挪用、借出货币资金。

（4）单位取得的货币资金收入必须及时入账，不得私设“小金库”，不得账外设账，严禁收款不入账。

（5）单位应当严格按照《支付结算办法》等有关规定，加强银行账户的管理，严格按照规定开立账户，办理存款、取款和结算。

（6）单位应当严格遵守银行结算纪律，不准签发没有资金保证的票据或远期支票，套取银行信用；不准签发、取得和转让没有真实交易和债权债务的票据，套取银行或他人资金；不准无理拒绝付款，任意占用他人资金；不准违反规定开立和使用银行账户。

（7）单位应当指定专人定期核对银行账户，每月至少核对一次，编制银行存款余额调节表，使单位的银行存款账面余额与银行对账单相符，如调节不符，应查明原因，及时处理。

（8）单位应当定期和不定期地进行现金盘点，确保现金账面余额与实际库存相符，如发现不符，应及时查明原因，作出处理。

3. 票据及有关印章的管理

（1）单位应当加强与货币资金相关票据的管理，明确各种票据的购买、保管、领用、背书转让、注销等环节的职责权限和程序，并专设登记簿进行记录，防止空白票据的遗失和被盗用。

（2）单位应当加强银行预留印鉴的管理。财务专用章应由专人保管，个人名章必须由本人或其授权人员保管。严禁一人保管支付款项所需的全部印章。

（3）按规定需要有关负责人签字或盖章的经济业务，必须严格履行签字或盖章手续。

4. 监督检查

（1）单位应当建立对货币资金业务的监督检查制度，明确监督检查机构或人员的职责权限，定期和不定期地进行检查。

（2）货币资金监督检查的内容主要包括：

1）货币资金业务相关岗位及人员的设置情况。重点检查是否存在货币资金业务不相容职务混岗的现象。

2）货币资金授权批准制度的执行情况。重点检查货币资金支出的授权批准手续是否健全，是否存在越权审批行为。

3）支付款项印章的保管情况。重点检查是否存在办理付款业务所需的全部印章交由一人保管的现象。

4）票据的保管情况。重点检查票据的购买、领用、保管手续是否健全，票据保管是否存在漏洞。

（3）对监督检查过程中发现的货币资金内部控制中的薄弱环节，应当及时采取改进完善措施。

二、货币资金内部控制测试

1. 了解货币资金内部控制的建立情况

审计人员可以根据实际情况采用不同方法对被审计单位货币资金内部控制进行了解。通常地，审计人员可以查阅被审计单位的有关规章制度等重要文件，现场观察被审计单位的有关业务活动，询问被审计单位有关人员，以获取被审计单位货币资金内部控制的资料，掌握被审计单位货币资金内部控制的情况。审计人员应对所掌握的内部控制的情况进行适当的记录。对于大中型企业，审计人员可以采用编制流程图的方法对被审计单位货币资金内部控制情况进行记录；对于中小型企业，则可以采用文字叙述的方法。

2. 抽取并检查收款凭证

（1）核对收款凭证与存入银行账户的日期和金额是否相符。
（2）核对库存现金、银行存款日记账的收入金额是否正确。
（3）核对收款凭证与银行对账单是否相符。
（4）核对收款凭证与应收账款等相关明细账的有关记录是否相符。
（5）核对实收金额与销售发票等相关凭据是否一致。

3. 抽取并检查付款凭证

（1）检查付款的授权批准手续是否符合规定。
（2）核对库存现金、银行存款日记账的付出金额是否正确。
（3）核对付款凭证与银行对账单是否相符。
（4）核对付款凭证与应付账款等相关明细账的记录是否一致。
（5）核对实付金额与购货发票等相关凭据是否相符。

4. 抽取一定期间的库存现金、银行存款日记账与总账核对

（1）审计人员应抽取一定期间的库存现金、银行存款日记账，检查其中有无计算错误。
（2）审计人员应根据日记账提供的线索，核对总账中的现金、银行存款、应收账款及应付账款等有关账户的记录。

5. 抽取一定期间的银行存款余额调节表

审计人员必须抽取一定期间的银行存款余额调节表，将其同银行对账单、银行存款日记账及总账进行核对，确定被审计单位是否按月正确编制并复核银行存款余额调节表。

6. 检查外币资金的折算方法

对于有外币库存现金、外币银行存款的被审计单位，审计人员应检查外币库存现金、外币银行存款日记账及“财务费用”、“在建工程”等账户的记录，确定企业有关外币库存现金、外币银行存款的增减变动是否按业务发生时的市场汇率或业务发生当期期初的市场汇率折合为记账本位币，选用方法是否前后期保持一致。检查企业的外币库存现金、外币银行存款账户的余额是否按期末市场汇率折合为记账本位币金额，有关汇兑损益的计算和记录是否正确。

三、评价货币资金的内部控制

审计人员在完成了上述程序之后，即可对被审计单位货币资金内部控制进行评价。评价时，审计人员应首先确定货币资金内部控制可信赖的程序以及存在的薄弱环节和缺点，然后据以确定货币资金实质性程序中在哪些环节可以减少审计程序，或者在哪些环节应增加审计程序，作重点检查，以减少审计风险。

任务三　掌握库存现金审计

任务要求

1. 了解库存现金审计目标
2. 掌握库存现金实质性测试程序
3. 掌握库存现金的账项调整

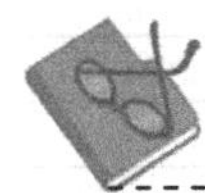

知识储备

库存现金审计有哪些目标？如果要发现企业坐支现金等相关问题，应该采用什么样的审计程序和审计方法呢？

一、库存现金审计目标

库存现金是指存放在企业的现钞，包括人民币现钞和外币现钞。库存现金是企业流动性最强的资产，虽然在企业资产总额中的比重不大，但企业发生的舞弊事件大都与库存现金有关，因此，审计人员应重视对库存现金的审计。

库存现金的审计目标主要包括：

（1）确定被审计单位资产负债表中的库存现金在资产负债表日是否确实存在，是否为被审计单位所拥有。

（2）确定被审计单位在特定期间内发生的库存现金收支业务是否均已记录完毕，有无遗漏。

（3）确定库存现金余额是否正确。

（4）确定库存现金在财务报表上的披露是否恰当。

二、库存现金实质性审计程序

（1）核对库存现金日记账与总账的余额是否相符。核对日记账与总账余额，是库存现金实质性程序的起点。通过核对，如果发现二者不相符，应查明原因，并作出相应调整。

（2）实地盘点库存现金。对库存现金进行实地盘点，是用以查明库存现金是否存在，账实是否相符的一项重要程序。库存现金的盘点范围通常包括被审计单位已收到但尚未存入银行的库存现金、零用金、找换金等。盘点库存现金的时间和人员应视被审计单位的具体情况而定，但必须有出纳员和被审计单位会计主管等人员参加，并由审计人员进行监盘。实施盘点的主要步骤及要求如下：

1）制定库存现金盘点程序，实施突击性检查。库存现金盘点的时间最好选择在上午上班前或下午下班后，采用突击的方式进行。盘点前应将全部库存现金集中存入保险柜，必要

时可加以封存。若被审计单位库存现金存放地点有几处，应同时进行盘点。

2）审阅库存现金日记账并与现金收付凭证相核对。通过审阅，一方面检查日记账的记录与凭证的内容和金额是否相符；另一方面，了解凭证日期与日记账日期是否相符或接近。

3）由出纳员根据库存现金日记账进行加计、累计数额，结出库存现金结余额。

4）盘点库存现金实存数额，同时编制“库存现金盘点表”，分币种、面值盘点金额，见表3-1。

表3-1　库存现金盘点表

被审计单位名称：	签名	日期		
审计项目名称：库存现金盘点表	编制人		索引号	
会计期间或截止日：20　年　月　日	复核人		页　次	

索引号	查证核对记录			现金盘点记录（币种_______）		
	项目	行次	金额	货币面额	张数	金额
	一、盘点日账面库存余额	①		1,000元		
	加：盘点日未记账收入	②		500元		
	减：盘点日未记账支出	③		100元		
	盘点日账面应存金额	④=①+②−③		50元		
				20元		
	二、盘点日库存实存金额（实点数）	⑤		10元		
	加：银行存折金额	⑥		5元		
	加：白条抵库金额	⑦		2元		
	盘点日实存现金金额	⑧=⑤+⑥+⑦		1元		
				5角		
	三、盘点日应存与实存差额	⑨=④−⑧		2角		
				1角		
	四、追溯至报表日账面结存金额	⑩		5分		
	加：报表日至盘点日支出总额（含3行）	⑪		2分		
	减：报表日至盘点日收入总额（含2行）	⑫		1分		
	五、报表日应存金额	⑬=④+⑪−⑫		实　点	合　计	
	报表日实存金额	⑭=⑧+⑪−⑫		存放地点：		
	报表日应存与实存差额	⑮=⑬−⑭		盘点日期：	20　年　月　日	
				监盘点人：		
	六、报表日账面汇率	⑯		出纳人员：		
	七、报表日折合本位币金额	⑰=⑬×⑯		会计主管：		

现金确认声明：截止20　年　月　日止本单位账面现金余额____________元，账实相符。我确定它是真实的、可靠的、完整的。如有虚假，一切责任由我单位负责。

单位公章：

单位法定代表人或授权代表签名：　　　　　　20　年　月　日

审计说明：

5）如果盘点时间在资产负债表日之后，则应调整至资产负债表日之时的金额。

6）盘点金额与库存现金日记账余额进行核对，如有差异，应查明原因，并作出记录或适当调整。

7）若有冲抵库存现金的借条、未提现支票、未作报销的原始凭证，应在“库存现金盘点表”中注明或做出必要的调整。

（3）抽查大额现金收支业务。审计人员应特别关注并抽查大额现金收支的原始凭证内容是否完整与合法，有无授权批准，并核对相关账户的进账情况，如有与被审计单位生产经营业务无关的大额收支事项，应查明原因，并作相应的记录。

（4）检查现金收支的正确截止日期。被审单位资产负债表上库存现金的数额应以结账日实有数为准，因此，审计人员必须验证现金收支的截止日期。通常，审计人员可以对结账日前后一段时间内的现金收支凭证进行审计，以判定是否存在跨期事项。

（5）检查外币库存现金的折算是否正确。对于有外币库存现金的被审计单位，审计人员应检查其对外币库存现金的收支是否按所规定的汇率折合为记账本位币金额；外币库存现金期末余额是否按当时市场汇率折合为记账本位币金额；外币折合差额是否按规定记入相关账户。

（6）检查库存现金在资产负债表上的披露是否恰当。审计人员应在实施上述审计程序后，确定库存现金账户的期末余额是否正确，是否在资产负债表上“货币资金”项目下恰当反映。

三、库存现金审计案例

【例 3-1】2011 年 1 月 15 日，审计人员在对某公司 2010 年 12 月 31 日的资产负债表审计中，发现“货币资金”项目中的库存现金为 1 062.10 元。该公司 1 月 15 日库存现金日记账余额是 932.10 元。1 月 16 日上午 7:30，对该公司的库存现金进行清点，结果如下：

（1）库存现金实有数为 627.34 元。

（2）存在下列未入账单据：

① 职工李某，预借差旅费 300 元，经领导批准；②职工王某，借金额 140 元，未经批准，也未说明用途；③另有 2 张收款凭证，金额 135.24 元；④银行核定该公司库存现金限额为 800 元；⑤核实该公司 1 月 1 日至 15 日的收入库存现金 2 350 元，支出库存现金 2 580 元。

要求：说明审计方法，指出该公司库存现金管理存在的问题，并提出审计意见。

分析：（1）核实库存现金实有数。

1 月 15 日库存现金账面余额：932.10+135.24−300 =767.34（元）

（2）确认公司库存现金是否账实一致。

1 月 15 日库存现金实有数：627.34 元，加上职工王某的 140 元白条，正好与账面余额相等。

（3）确认 2010 年 12 月 31 日资产负债表所列数额是否公允。

2010 年 12 月 31 日库存现金应存数：767.34−2 350+2 580=997.34（元），与资产负债表中“货币资金”项目的库存现金数额 1 062.10 元不一致，则资产负债表中的库存现金数额应调整为 997.34 元。

（4）对库存现金收支、管理提出审计意见。

公司库存现金收支和管理中存在不合法现象：①白条抵库 140 元，违反库存现金管理制度，应责成库存现金出纳退回。②库存现金超限额。查明 2010 年年末库存现金超限额：997.34−800=197.34（元）。③被审计单位库存现金期末余额账实不符。④建议被审计单位加强库存现金的核算和管理。提高工作人员业务素质和责任意识。

任务四　掌握银行存款审计

任务要求

1. 了解银行存款审计目标
2. 学会对银行存款进行实质性测试
3. 掌握银行存款的账项调整

知识储备

银行存款的审计，对揭示银行存款收支业务中存在的差错弊端，保护银行存款的安全完整，保证企业严格遵守资金结算纪律等方面有着重要的意义。银行存款审计应该如何进行呢？

一、银行存款审计目标

1. 银行存款管理规定

银行存款是指企业存放在银行或其他金融机构的货币资金。按规定，凡是独立核算的企业都必须在当地银行开设账户。企业在银行开设账户以后，除按核定的限额保留库存现金外，超过限额的现金必须存入银行；除了在规定的范围内可以使用现金直接支付的款项外，在经营过程中发生的一切货币收支业务，都必须通过存款账户进行结算。

2. 银行存款审计的目标

（1）确定被审计单位资产负债表中的银行存款在资产负债表日是否确实存在，是否为被审计单位所拥有。

（2）确定被审计单位在特定期间内发生的银行存款收支业务的记录是否完整。

（3）确定银行存款的余额是否正确。

（4）确定银行存款在财务报表上的披露是否恰当。

二、银行存款实质性审计程序

（1）核对银行存款日记账与总账的余额是否相符。审计人员审查银行存款时，首先应核对银行存款日记账余额与总账余额是否相符，如不相符，应查明原因，并将其作为继续审查银行存款余额的基础。

（2）实施分析性复核程序。审计人员应计算银行存款累计金额应收利息收入，分析比较被审计单位银行存款应收利息收入与实际利息收入的差异是否恰当，据此检查是否存在高息资金拆借，如有高息资金拆借，应进一步分析拆出资金的安全性。

（3）审查银行存款余额调节表。对银行存款余额调节表的审查，一方面可以用来证实被审计单位的银行存款余额，另一方面可以帮助审计人员根据银行提供的对账单，发现被审计单位核算中可能存在的问题。审计人员对银行存款余额调节表的审查要点如下：

1）核实调节表中数字的正确性。

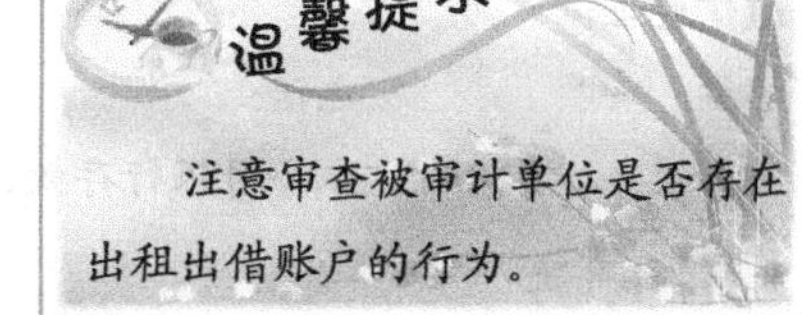

2）审查核对银行存款总账余额与银行对账单加总金额。

3）审查至截止日仍未提现的支票和其他已签发一个月以上的未提现的支票。

4）审查至截止日银行已收、企业未收的款项性质和来源。

5）审查一收一付金额相等且日期相距较近的银行入账、企业未入账的未达账项，注意审查被审计单位有无套取库存现金或出租、出借银行账户的行为。

企业的银行存款余额调节表应根据不同的银行账户及货币种类分别编制，见表 3-2。

表 3-2　银行存款余额调节表

截止日期：　　年　月　日

编制单位：　　　　　　　　　　　　核对期间：开户日至　　年　月

开户银行：　　　　　　　　　　　　银行账号：

科目名称：　　　　　　　　　　　　科目编码：　　　　（单位：元）

银行对账单余额		银行日后入账	备注	企业银行存款日记账余额		企业日后入账	备注
加：企业已收，银行未收				加：银行已收，企业未收			
				加：企业付款账面错误			
减：企业已支，银行未付				减：银行已付，企业未付			
				减：企业收款账面错误			
调整后实际余额			调节平衡	调整后实际余额			调节平衡

会计主管：　　　　　　审核：　　　　　　制表：

（4）函证各银行存款账户余额。函证银行存款余额的主要目的是验证资产负债表上所列示的金额是否真实、准确。对银行存款进行函证，不仅可以了解被审计单位银行存款的存在情况，还可以了解对银行的债务，发现企业未登记的银行借款。函证时，应向被审单位本年度存过款的所有银行发函（见表 3-3），包括存款户已结清的银行。

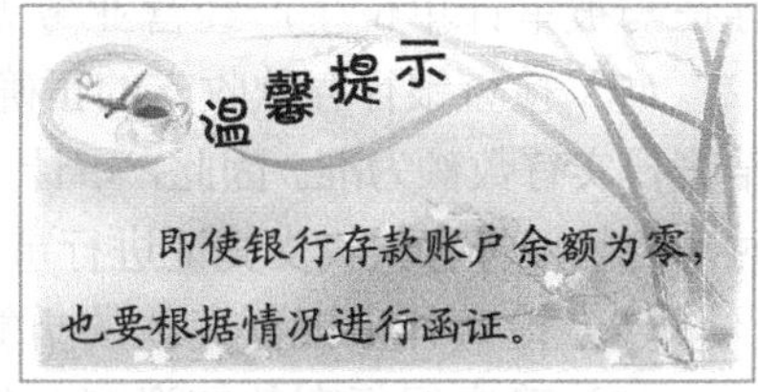

表 3-3　银行询证函（积极式）

____________（银行）:

本公司聘请的__________会计师事务所正在对本公司的会计报表进行审计，按照《中国注册会计师独立审计准则》的要求，应当询证本公司与贵行的存款、借款往来事项。下列数据出自本公司账簿记录，如与贵行记录相符，请在本函下端"数据证明无误"处签章证明；如有不符，请在"数据不符"处列明不符金额。有关询证费可直接从本公司__________账户中收取。

回函请直接寄至__________会计师事务所。

通信地址:

邮编:　　　　　　电话:　　　　　　传真:　　　　　　联系人:

截止×年×月×日，本公司银行存款、借款账户余额等列示如下:

1. 银行存款

账户名称	银行账号	币　种	利　率	余　额	起止日期	是否被抵押、质押或其他限制	备　注

2. 银行借款

账户名称	币　种	余　额	借款日期	还款日期	利　率	其他借款条件	抵（质）押/担保人	备　注

其他事项:

（公司签章）
（日期）

经办人:

结论：1. 数据证明无误。

（银行盖章）
（日期）
经办人:

2. 数据不符，请列明不符项目及具体内容。

（银行盖章）
（日期）
经办人:

（5）检查一年以上定期存款或限定用途存款。一年以上的定期存款或限定用途存款，不属于流动资产，应列于非流动资产类下。审计人员应查明情况，并做出相应记录。

（6）抽查大额银行存款收支业务。审计人员应抽查大额银行存款（含外埠存款、银行汇票存款、银行本票存款及信用证存款）收支原始凭证的内容是否完整，有无授权批准，是否存在与被审计单位生产经营业务无关的收支事项。

（7）检查银行存款收支的正确截止日期。被审计单位资产负债表上的银行存款数额，应以结账日实有数额为准。因此，审计人员必须验证银行存款收付的截止期。通过对结账日前后一段时间内的银行存款收支凭证进行审查，以判定被审计单位银行存款收支是否存在跨期事项。

（8）检查外币银行存款的折算是否正确。

（9）确定银行存款在资产负债表上的披露是否恰当。审计人员在实施上述审计程序后，确定被审计单位账户余额是否恰当，是否在资产负债表“货币资金”项目恰当披露。

三、银行存款审计案例

【例 3-2】对某企业 2010 年的银行存款进行审查：2010 年 12 月 31 日银行存款日记账余额为 26 680 元；银行对账单余额为 25 400 元（经核实无误）。12 月存在的未达账项如下：

（1）12 月 29 日，委托银行收款 2 500 元，银行已入账，收款通知尚未送达企业。

（2）12 月 31 日，企业开出库存现金支票一张 800 元，银行尚未入账。

（3）12 月 31 日，银行已代付企业电费 500 元，企业尚未收到付款通知。

（4）12 月 31 日，企业收到外单位转账支票一张 3 600 元，企业已收款入账，银行尚未入账。

（5）12 月 15 日，收到银行收款通知金额为 3 850 元，公司入账时误记为 3 500 元。

要求：（1）根据上述情况编制银行存款余额调节表。

（2）假定银行存款对账单中存款余额正确无误，试问：

1）编制的调节表中发现的错误金额是多少？

2）2010 年 12 月 31 日银行存款日记账的正确余额是多少？

3）如果 2010 年 12 月 31 日资产负债表上“货币资金”项目中银行存款余额为 28 000 元，请问是否真实？

分析：（1）编制银行存款余额调节表，见表 3-4。

表 3-4　银行存款余额调节表

截止日期：2010 年 12 月 31 日

编制单位：×××有限公司　　核对期间：开户日至 2010 年 12 月

开户银行：××银行×××××支行　　银行账号：4222020263839142727

科目名称：银行存款——结算户（××银行×××××支行）科目编码：10211231　　（单位：元）

银行对账单余额	25400	银行日后入账	备注	企业银行存款日记账余额	26680	企业日后入账	备注
加：企业已收，银行未收	3600			加：银行已收，企业未收	2500		
				加：企业付款账面错误	350		
减：企业已支，银行未付	800			减：银行已付，企业未付	500		
				减：企业收款账面错误			
调整后实际余额	28200		调节平衡	调整后实际余额	29030		调节平衡

会计主管：　　审核：　　制表：

（2）因银行存款对账单中存款余额正确无误，所以：

1）调节表中发现的错误金额是 830 元（29 030 元−28 200 元）。

2）2010 年 12 月 31 日企业银行存款账面正确余额为 25 850 元（26 680 元−830 元）。

3）资产负债表上的“货币资金”项目中的银行存款 28 000 元不真实，应加以调整。正确数额应该是 28 200 元（25 850 元+2 500 元−500 元+350 元）。

【例 3-3】审计人员对 A 企业的资产负债表中货币资金进行重点审查。

（1）在银行存款日记账中，发现 2010 年 7 月 6 日第 5 号收款凭证的摘要记录“存入暂

存款”所附的原始凭证仅有一张“进账单”，金额为60 000元，其会计分录为:

借: 银行存款　　60 000

　贷: 其他应付款——B公司　　60 000

（2）7月20日、21日和25日分别在第10号、12号和30号凭证摘要注明“提现”，金额各为20 000元; 其中10号凭证中支票用途为“差旅费”；12号凭证中支票用途为“支付季度奖”；30号凭证中支票用途为“备用金”。依据这一线索，查阅“库存现金日记账”时，发现7月30日35号付出凭证，摘要为：“付暂存款”60 000元。调出35号凭证，其原始凭证是一张白条收据，见其会计分录为:

借: 其他应付款——B公司　　60 000

　贷: 库存现金　　60 000

（3）经向B公司查询，B公司与A企业之间并无业务往来；B公司账簿记录中也没有60 000元的主营业务收入；而B公司商品销售明细账记录在7月4日销售了一批商品，金额为60 000元。与购货方联系，核定已付款。与银行取得联系，款项已划到B公司。

（4）在事实面前，B公司经办人员说出了全部真相：被审计单位A企业会计和出纳各得8 000元好处费，其余款项由B公司经办人贪污。

要求：指出该企业银行存款核算中存在的问题，并提出审计意见。

分析：（1）存在问题。A企业的会计和出纳利用职务之便，出租公司账号，赚取好处费。

（2）审计意见。B公司并非本次审计对象，该公司经办人贪污事件由该公司自行处理。对被审计单位A企业的会计、出纳建议进行相应的惩处，退回全部赃款并各处罚款800元。对于罚款收入，可作如下会计分录:

借: 库存现金　　800

　贷: 营业外收入　　800

任务五　知悉其他货币资金审计

任务要求

1. 了解其他货币资金审计目标
2. 掌握其他货币资金实质性测试目标
3. 掌握其他货币资金的账项调整

知识储备

其他货币资金是指企业除现金、银行存款以外的其他各种货币资金。它与银行存款的区别，主要是存放地点和用途不同，因此其他货币资金的具体审计程序与银行存款审计基本类似。

一、其他货币资金审计目标

1. 其他货币资金的内容

其他货币资金，包括企业到外地进行临时或零星采购而汇往采购地银行开立采购专户的款项所形成的外埠存款、企业为取得银行汇票而按规定存入银行的款项所形成的银行汇票存款、企业为取得银行本票而按规定存入银行的款项所形成的银行本票存款、信用卡保证金存款及信用证保证金存款等。

2. 其他货币资金的审计目标

（1）确定被审计单位资产负债表中的其他货币资金在资产负债表日是否确实存在，是否为被审计单位所拥有。

（2）确定被审计单位在特定期间内发生的其他货币资金收支业务是否均已记录完毕，有无遗漏。

（3）确定其他货币资金余额是否正确。

（4）确定其他货币资金在财务报表上的披露是否恰当。

二、其他货币资金的实质性审计程序

其他货币资金的实质性审计程序可分为六个步骤：

（1）核对外埠存款、银行汇票存款、银行本票存款、信用卡存款、信用证保证金存款和存出投资款等各明细账期末合计数与总账数额是否相符。

（2）获取并检查其他货币资金余额调节表。

1）取得被审计单位银行对账单，检查被审计单位提供的银行对账单是否存在涂改或修改的情况，确定银行对账单金额的正确性，并与银行回函结果核对是否一致；抽样核对账面记录的已付款金额及存款金额是否与对账单记录一致；应将保证金户对账单与相应的交易进行核对。检查保证金与相关债务的比例和合同约定是否一致。特别关注是否存在有保证金发生，而被审计单位账面无对应的保证事项的情形；若信用卡持有人是被审计单位的职员，应取得该职员提供的确认书，并应考虑进行调整。

2）获取资产负债表日的其他货币资金存款余额调节表，检查调节表中加计数是否正确，调节后其他货币资金日记账余额与银行对账单余额是否一致。

3）检查调节事项的性质和范围是否合理，如果存在重大差异应进行审计调整。

（3）函证其他货币资金期末余额，编制其他货币资金函证结果汇总表，检查银行回函。

（4）抽查一定数量的原始凭证，检查其经济内容是否完整准确，有无适当的审批授权，并核对相关账户的进账情况。

（5）抽查资产负债表日前后的记账凭证，对其他货币资金收支凭证实施截止测试，如有跨期收支事项，应考虑是否进行调整。

（6）检查其他货币资金披露的恰当性。

项目总结

货币资金在企业全部资产中所占的份额不大，但却是流动性最强、最活跃的资产，审计人员应格外重视货币资金的审计。货币资金与各业务循环中的业务活动存在密切的联系，货币资金审计与业务循环审计也密不可分。

货币资金的内部控制主要包括库存现金和银行存款的管理，票据及有关印章的管理、监督检查等内容，审计时应对内部控制进行测试。

货币资金是企业资产负债表的一个重要项目。审计人员应分别对库存现金、银行存款及其他货币资金执行实质性审计程序。

项目四　购货与付款循环审计

项目导航

学习目标

- 了解购货与付款循环业务特性
- 知悉购货与付款循环的内部控制及其审计程序
- 掌握材料采购审计
- 掌握应付账款审计

具体任务

任务一　了解购货与付款循环业务特性
任务二　知悉购货与付款循环的内部控制及其测试
任务三　掌握材料采购审计
任务四　掌握应付账款审计

任务一　了解购货与付款循环业务特性

任务要求

1. 了解购货与付款循环的概念
2. 理解购货与付款循环的主要业务活动
3. 了解购货与付款循环主要会计凭证和会计记录

知识储备

什么是购货与付款循环？其业务特性是什么？

一、购货与付款业务循环的概念

购货与付款业务循环是指企业从外部购进商品或劳务以及由此产生的已付或未付货款

的业务过程。购货与付款循环主要影响资产负债表项目，具体包括库存现金、银行存款、预付账款、固定资产、累计折旧、工程物资、应付票据、应付账款等。

二、购货与付款循环业务的特性

购货与付款循环的业务特性包括两部分内容：一是本循环中的主要业务活动；二是本循环所涉及的主要凭证与会计记录。

1. 购货与付款循环中的主要业务活动

购货交易包括原材料、配件以及固定资产等方面的采购。对于每一项采购业务，企业应合理分工，指派不同的部门和职员共同来完成。下面以采购商品为例，分别阐述购货与付款循环中涉及的主要业务活动。

（1）请购商品。企业的生产和仓库等部门按照需要购买的原材料、配件以及固定资产等先填写请购单。请购单可以由手工或计算机编制。由于请购单可以由不同的部门填写，所以不便事先编号。为了加强控制，每张请购单必须经过相关主管人员签字审批。

（2）编制订购单。采购部门在收到请购单后，对经过审批的请购单发出订购单。采购部门应确定最佳的供应来源，对一些大额、重要的采购项目，应采取竞价方式来确定供应商，以保证供货的质量、及时性和较低的成本。订购单应正确填写所需要商品的品名、数量、价格、厂商名称和地址等，应预先连续编号并经过授权的采购人员签名。其正联送交供应商，副联则送至企业内部的验收部门、应付凭单部门和编制请购单的部门。随后，应由独立的部门来检查订购单的处理工作，如签发的依据是否真实、供应商及价格的确定是否合理、订购单是否按顺序签发并及时送交有关部门。

（3）验收商品。验收部门应做好两方面的工作：一是盘点商品，将所收商品与订购单上的内容（如商品的品名、说明、数量、到货时间等）逐项进行核对，同时应注意商品有无损坏；二是根据已收货的每张订购单编制一式多联、预先编号的验收单，作为验收和检验商品的依据。验收人员将商品移交仓储或有关请购部门后，应要求其在验收单上签字确认，验收人员还应将其中的一联验收单送交应付凭单部门。

（4）储存已验收的商品。将已验收商品的保管与采购的其他职责相分离，可减少未经授权的采购风险。存放商品的仓储区应相对独立，限制无关人员接近。

（5）编制付款凭单。货物验收后，应付凭单部门核对订货单、验收单和供应商发票的一致性，确认负债，并编制预先连续编号的付款凭单，由被授权人员签字后送交会计部门。

（6）确认与记录负债。确认已验收货物的债务无误后，要求准确、迅速地记录负债。在手工系统下，会计部门在收到应付凭单部门编制的付款凭单后，将付款凭单、验收单、订货单与供应商发票进行核对，确认无误后据以编制有关的记账凭证、登记有关账簿。

（7）付款。企业在准备付款前，应核对付款条件，并检查资金是否充足。以支票结算为例，付款的过程包括以下几方面：

1）应由被授权的财务部门的人员签署支票。

2）被授权签署支票的人员应确定已签署的每张支票都附有一张经适当批准的未付款凭单，并确定支票收款人姓名和金额与凭单内容一致。

3）支票一经签署就应在其凭单及支持性凭证上用加盖印戳或打洞等方式注销，以免重复付款。

4）独立检查已签发支票的总额与所处理的付款凭单总额是否一致。

5）企业不应签发不记名，甚至空白的支票。

6）支票应预先连续编号，保证支出支票存根的完整性和作废支票得到恰当处理。

7）应确保只有被授权的财务人员才能接近未经使用的空白支票。

（8）记录现金、银行存款的支出。仍以支票结算方式为例，在手工系统下，会计部门应根据已签发的支票存根编制付款记账凭证，并据以登记现金、银行存款日记账及其他相关账簿。

2. 购货与付款循环的主要凭证与会计记录

（1）原始凭证类。购货与付款循环涉及的主要原始凭证包括请购单、订购单、验收单、供应商发票和付款凭单等。

（2）记账凭证类。购货与付款循环涉及的主要记账凭证包括付款凭证和转账凭证。

（3）日记账和明细账类。购货与付款循环涉及的日记账和明细账主要包括库存现金日记账、银行存款日记账、应付账款、原材料、固定资产和累计折旧明细账等。

（4）总账类。购货与付款循环涉及的总账主要包括库存现金、银行存款、应付账款、应付票据、原材料、固定资产和累计折旧等总账。

任务二　知悉购货与付款循环的内部控制及其测试

任务要求

1. 了解购货与付款循环的内部控制制度
2. 掌握购货与付款循环内部控制制度测试的程序和方法

知识储备

完善的购货与付款业务应设置哪些内部控制制度？应如何进行测试？

一、购货与付款循环的内部控制制度

购货与付款循环的内部控制制度主要包括以下方面的内容。

1. 适当的职责分离控制

为防止出现各种有意或无意的错误，购货与付款业务需要适当的职务分离。本业务循环涉及的职责分离包括：请购与审批，询价与确定供应商，采购合同的订立与审批，采购与验收，采

购、验收与会计记录，付款审批与付款执行。这些都是对企业提出的有关购货与付款方面相关职责适当分离的基本要求，以确保办理采购与付款业务的不相容职务相互分工、制约和监督。

2. 请购控制

请购是购货环节的第一步，企业可以根据不同的需要确定不同的请购方法。

（1）原材料的购进。一般首先由生产部门根据生产计划填写领料单；仓储部门接到领料单后，应将原材料保管卡上记录的库存数同生产部门需要的数量进行比较；当生产所需的材料和仓储所需的后备数量合计已超过库存数量时，应提出请购。

（2）临时性物品的购进。由于临时性物品的需要很难列入计划之中，一般由使用者直接提出请购。使用者在请购单上一般要对采购需要作出描述，解释其目的和用途。请购单须由使用者的部门主管审批同意，并须经资金预算的负责人签字同意后，采购部门才能办理采购手续。

（3）由同一服务机构或公司提供的某些经常性服务项目，如公用事业、报刊、保安等服务项目，请购手续的处理通常是一次性的。即当使用者最初需要这些服务时，应提出请购单，由负责资金预算的部门进行审批。

（4）特殊项目的需要，如保险、广告、法律和审计服务等，一般由企业最高负责人审批。根据由专人提出的需求内容，比如选定广告商、确定事务所及费用水平等，参照过去的服务质量和收费标准判断是否合理。经批准后，这些特殊服务项目才能进行。

3. 订货控制

采购部门收到请购单后，在最终发出订购单之前，应明确订购多少、向谁订购、何时订购等问题。

（1）在订购数量的控制方面，采购部门首先应审查每一份请购单的请购数量是否在控制限额的范围内，其次是检查使用物品和劳务的部门主管是否在请购单上签字同意。对于需要大量采购的原材料，必须对成本的影响进行分析，其内容是将各种请购项目进行有效的归类，然后利用经济批量法来测量成本。

（2）在向谁订购的控制方面，采购部门在正式填制订单前，必须向不同的供应商（通常是两家以上）索取供应物品的价格、质量指标、折扣和付款条件以及交货时间等资料，比较不同供应商所提供的资料，选择最有利于企业生产和成本最低的供应商，与之签订合同。

（3）在何时订购的控制方面，应由仓储部门运用经济批量法和分析最低存货点来确定订购时间，而不是采购部门。

在上述三个方面的决定做出之后，采购部门应及时填制预先连续编号的订购单；在订购单向供应商发出之前，必须由专人检查该订购单是否得到授权人的签字；订购单的副本应递交给请购、保管与会计部门等。

4. 验收控制

货物的验收应由独立于请购、采购和会计部门的人员来担任，其责任是检验收到货物的数量和质量。

（1）对于数量，验收部门在货运单上签字之前，应通过计数、过磅或测量等方法来证明货运单上所列的数量。

（2）对于质量，验收部门应检验有无因运输而导致的货物缺陷。在货物质量检验需要有较高的专业知识或必须经过仪器、实验才能进行的情况下，收货部门应将部分样品送交专家或实验室对其质量进行检验。

（3）每一项收到的货物必须在检验以后填制包括供应商、收货日期、货物名称、数量和质量以及送货人名称、原购货订单编号等内容的收货报告单，并将其及时报告请购、采购和会计部门。

5. 实物控制

购货与付款业务中的实物控制包括两个方面：一方面加强对已验收入库商品的实物控制，限制非经授权人员接近存货。实物保管应由独立于验收、采购和会计部门的人员来担任，同时加强对退货的实物控制，货物的退回要履行经审批的合法手续。另一方面限制非授权人员接近各记录和文件，防止伪造和篡改会计资料。

6. 应付账款的控制

任何应付账款的不正确记录和不按时偿还债务，都会导致购销双方不必要的债务纠纷。对应付账款的控制制度主要包括：应付账款的记录必须由独立于请购、采购、验收、付款的职员来完成；对于有预付货款的交易，在收到购货发票后，应将预付金额冲抵部分发票金额来记录应付账款；对于享有折扣的交易，应根据供应商发票金额减去折扣金额后的净额登记应付账款；必须分别设置应付账款总账账户和明细账户；每月应将应付账款明细账与客户的对账单进行核对。

7. 内部核查程序

由内部审计人员或其他独立审计人员核查购货与付款业务的处理和记录，是实现内部控制目标不可缺少的一项控制措施。内部核查的内容主要包括：购货与付款业务相关岗位及人员的设置情况，检查是否存在不相容职务混岗的现象；购货与付款业务授权批准制度的执行情况，检查授权批准手续是否健全，是否存在越权审批的现象；应付账款和预付账款的管理，审查应付账款和预付账款支付的准确性、合法性；有关凭证、会计记录的使用和保管情况，检查凭证的登记、领用、传递、注销手续是否健全，使用和保管制度是否存在漏洞。

二、购货与付款循环的内部控制审计程序

1. 了解并描述购货与付款业务的内部控制

审计人员通过查阅关于物资采购、仓储保管、付款等方面的内部控制制度文件，走访并实地观察采购部门、仓储部门、验收部门和会计部门等，深入了解企业购货与付款管理的各方面制度是否健全，并是否得到了执行。经过调查了解，结合文字描述、内部控制调查表或流程图方式，将内部控制情况记录于审计工作底稿中。

2. 关于请购商品内部控制的测试

审计人员抽取若干张请购单，检查摘要、数量及日期和相应文件的完整性，审核批准手续是否完整合规，有无核准人的签字。

3. 关于订购商品内部控制的测试

审计人员抽取若干张订购单，审查订购单的完整性，如编号、日期、摘要、数量、价格、规格、质量及运输要求等是否齐全，审查订购单是否得到授权批准，审查订购单是否附有请购单或其他授权文件。

4. 关于货物验收内部控制的测试

审计人员通过实地观察、询问，确定验收部门是否独立行使职责，是否根据货物的检查情况准确编制验收单；审查验收单是否连续编号，验收单的内容填写是否完整。

5. 关于实物内部控制的测试

审计人员通过实地观察、询问，确定职员获得或接触资产、文件、记录的途径，观察职员在执行授权、收发货物、签发支票时的表现，确定内部控制的执行是否存在弊端。

6. 关于应付账款内部控制的测试

审计人员从应付账款明细账中抽取一定的记录，审查其对应的记账凭证，确定记账凭证是否附有订货单、验收单、购货发票等原始凭证，并与原始凭证所列的数量、金额是否一致，原始凭证上的各项手续是否齐全；抽取一定数量的订货单、验收单、购货发票，审查其有无对应的应付账款记录，并核对其时间、金额是否一致；检查应付账款明细账、存货明细账以及总账是否进行平行登记，金额是否一致。

在对被审计单位购货与付款循环的内部控制系统进行测试之后，审计人员应对其控制风险作出评价，并对实质性程序作出相应调整。同时，对测试过程中发现的问题，应当在工作底稿中进行记录，并以适当的形式告知被审计单位的管理当局。

任务三　掌握材料采购审计

任务要求

1. 了解材料采购的审计目标
2. 掌握材料采购的实质性程序
3. 掌握材料采购审计案例分析的方法和技巧

知识储备

外购材料的采购成本包括哪些内容？审计人员应当如何进行审查？

一、材料采购审计目标

企业取得材料物资的途径主要有外购、自制、委托加工、投资者投入、接受捐赠、债务重组、非货币性资产交换等。不同来源取得的材料，存货成本的构成内容是不同的。工业企业材料多以外购为主，所以这里主要讲述材料采购的审计，其审计目标一般包括以下几个方面：

（1）确定材料采购业务发生的真实性。

（2）确定材料采购成本计算的正确性。

（3）确定材料采购业务账务处理的合规性。

二、材料采购的实质性审计程序

工业企业外购的材料物资包括各种材料、包装物、低值易耗品等，审计人员应依据现行会计准则的规定来确定采购业务的真实性和正确性。

1. 审查采购合同

采购合同是企业根据采购计划与销货方签订的，合同的如约履行是企业生产经营活动正常运转的重要保证。审计人员应注意分析合同的可行性和合法性，并审查合同是否如约履行。

> **温馨提示**
>
> 存货采购成本不包括可以抵扣的增值税进项税额。

2. 审查存货采购成本

原材料、包装物、低值易耗品等通过购买而取得的存货的采购成本，通常包括购买价款、相关税费、运输费、装卸费、保险费以及其他可归属于存货采购成本的费用。因此，审计人员审查时应注意以下几个方面：

（1）审查购货价格。审计人员应分析企业入账的购货价格是否偏高；已享受了现金折扣的购货业务，折扣的比例和金额是否合规；可以抵扣的增值税进项税额是否计入了存货的采购成本。

（2）审查存货采购费用。审计人员应对被审计单位采购费用的真实性、合法性和正确性进行审查，以防止利用采购费用舞弊的情况。

1）运杂费。审计人员应审查企业按运输费的7%的扣除率计算的准予扣除的进项税额是否正确，支付的装卸费、保险费等是否也按 7%计算了进项税额，企业外购存货支付的运输费所准予扣除的进项税额是否又计入了存货的入账价值等。

2）运输途中的合理损耗。审计人员应注意审查运输途中合理损耗只是增加入库存货的单位成本，并不影响购货总成本。

3）入库前的挑选整理费用。审计人员应审查被审计单位是否将外购物资入库前挑选整理过程中发生的加工、费用支出和必要的损耗，扣除了回收的下脚废料的价值来计算这部分费用并计入存货采购成本。

4）采购费用的分配。审计人员应对被审计单位选用采购费用分配标准的合理性和分配结果的正确性进行审查。

（3）审查购货环节的相关税金。目前我国的流转税采用了两种方法：一种是价内税，另一种是价外税。所以审计人员应审查价内税，如消费税和资源税等是否构成了存货采购成本。

价外税主要是增值税，审计人员应区别情况进行审查。如果被审计单位是增值税一般纳税人，其采购货物支付的增值税，凡专用发票或完税凭证中注明的，注意其是否作为“进项税额”单独记账；注意用于非应纳增值税项目或免征增值税项目以及未取得增值税专用发票或完税凭证的，其支付的增值税是否也作为“进项税额”单独记账。一般纳税人收购免税农产品时所使用的扣除率计算的进项税是否正确。如果被审计单位经确认为增值税小规模纳税人，注意其采购货物支付的增值税是否全部记入所购货物的采购成本。

（4）分析其他与外购存货相关的费用。其他与外购存货相关的费用是指企业采购人员的差旅费、入库后的整理挑选费用、验收入库后的仓储费用和入库后发生的短缺损耗等，这些费用按规定不能列入存货采购成本。审计人员应注意审查被审计单位是否将这些费用也计入了存货的采购成本。

3. 审查存货采购的账务处理

存货采购的主体是原材料，还涉及包装物、低值易耗品等，所以审计人员对存货采购业务账务处理的审查应注意以下几个方面：

（1）审查账户设置的合规性。按现行会计准则规定，企业对材料物资按实际成本计价时，一般应设置“在途物资”、“原材料”、“周转材料”等总分类账户；如果企业对材料物资按计划成本计价，则一般应设置“材料采购”、“原材料”、“周转材料”、“材料成本差异”等总分类账户，审计人员应据此分析被审计单位对外购存货核算设置的账户是否合规。

（2）审查账务处理的合规性。审计人员应采用审阅法和核对法，审阅相关凭证和账簿，并进行证证核对、账证核对、账账核对，审查被审计单位的外购存货在不同情况下账务处理的合规性，特别注意以下问题：①月末货物已验收入库，但发票账单尚未到达时是否按合同价格或计划成本，暂估入账，借记“原材料”等账户，贷记“应付账款——暂估应付账款”账户，并于下月初用红字记账凭证予以冲回；②企业对于外购存货在运输途中发生的短缺和毁损，是否根据不同情况分别处理；对尚待查明原因或需要报经批准后才能转销处理的损失，是否将损失从“在途物资”或“材料采购”账户转入“待处理财产损溢”账户，损失部分材料物资负担的增值税进项税额是否如实转出。

（3）审查入库存货成本差异计算与结转的正确性。如果被审计单位对材料物资按计划成本计价，那么需要对外购的每批材料物资在验收入库时或于月末汇总后一并结转入库存货的成本差异。如为超支差，应借记“材料成本差异”，贷记“材料采购”；如为节约差，则作相反处理。审计人员应对其成本差异金额的计算与账务结转的正确性进行审核。

三、材料采购审计案例

【例 4-1】外购材料采购成本计算不实的案例。

资料：某公司原材料按计划成本计价核算，审计人员于某月末审查该公司“材料采购”明细账时，发现如下记录：

（1）按购销双方合同规定，公司于本月垫付了应由销货单位负担的运杂费 50 000 元。

（2）公司在采购某种材料物资时，因资金运转发生困难未能如约付款，支付违约金 20 000 元。

（3）公司本月新建厂房一栋，购入基建工程物资，发生运杂费 30 000 元，该批工程物资已投入使用，工程还在建造过程中。

（4）公司购入的某种材料入库后发生挑选整理费用 2 500 元。

（5）公司供应部门采购员本月发生采购费用 3 500 元。

（6）经查，公司本月购买的材料均已验收入库，“材料采购”账户无余额。

要求：根据上述资料指出该公司在计算存货采购成本中存在的问题，并作出账项调整。

分析：

（1）存在问题。

1）按购销合同规定，由销货方负担，购货方先行垫付的运杂费 50 000 元，应从销货方收回，该业务形成购货方的一项债权，应记入“应付账款”账户的借方，不应计入存货采购成本。

2）公司因无款承付而支付的违约金 20 000 元，应记入“营业外支出”账户，不应计入存货采购成本。

3）公司购入工程物资发生的运杂费 30 000 元，应计入工程成本，不得计入存货采购成本。

4）材料入库后发生的挑选整理费用 2 500 元，应记入“管理费用”账户，不得计入存货采购成本。

5）公司供应部门采购员发生的采购费用 3 500 元，应记入“管理费用”账户，不应计入存货采购成本。

综上所述，该公司当月存货采购成本的计算是不真实、不准确的，存货成本必然虚增，由于已到月末，“材料采购”账户无余额，所以审计人员应建议被审计单位调整期末原材料存货的账面价值。

（2）账项调整。

借：应付账款　　　　50 000
　　营业外支出　　　20 000
　　在建工程　　　　30 000
　　管理费用　　　　6 000
　　贷：材料成本差异　　　　106 000

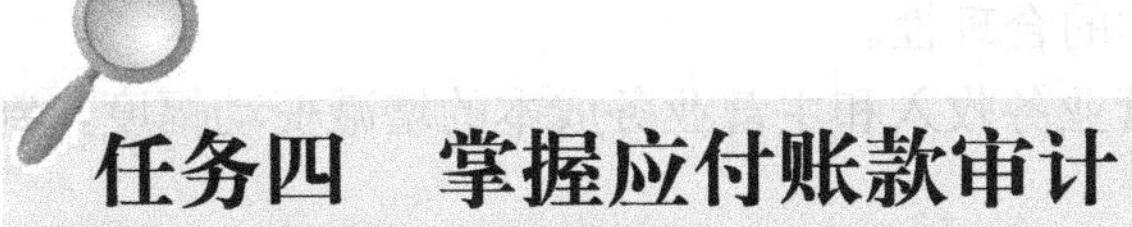

任务四　掌握应付账款审计

任务要求

1. 了解应付账款的审计目标
2. 掌握应付账款的实质性程序
3. 掌握应付账款审计案例分析的方法和技巧

知识储备

审计人员如何确定企业应付账款的真实性？

一、应付账款的审计目标

应付账款是企业在正常经营过程中，因购买货物或接受劳务而应付给供应商的款项，其审计目标包括以下几个方面：

（1）确定期末应付账款是否存在。

（2）确定期末应付账款是否为被审计单位应履行的偿还义务。

（3）确定应付账款的发生及偿还记录是否完整。

（4）确定应付账款期末余额是否正确。

（5）确定应付账款在财务报表上的列报是否恰当。

二、应付账款的实质性审计程序

应付账款业务是随着企业赊购交易而发生的，因此，对应付账款的审计应结合购货业务来进行。

1. 获取或编制应付账款明细表

审计人员通常向被审计单位索取或自行编制应付账款明细表，复核加总计算无误后，与资产负债表数、总账数和明细账合计数核对，以确认是否相符。

2. 实施分析性复核程序

根据被审计单位的实际情况，选择以下方法对应付账款进行分析性复核：

（1）对本期期末应付账款余额与上期期末余额进行比较，分析其波动的原因。

（2）分析长期挂账的应付账款，要求被审计单位做出解释，判断被审计单位是否缺乏偿债能力或利用应付账款隐瞒利润；对确实无法支付的应付账款，看其是否按规定转入了“营业外收入”账户，相关依据和有关手续是否完备。

（3）计算应付账款对存货的比率、应付账款对流动负债的比率，并与以前期间进行对比分析，评价应付账款整体的合理性。

（4）根据存货、主营业务收入和主营业务成本的增减变动幅度，判断应付账款增减变动的合理性。

3. 函证应付账款

一般情况下，应付账款不需要函证，因为函证不能保证查出未记录的应付账款，况且审计人员能够取得购货发票等外部凭证来证实应付账款的余额。但如果控制风险较高，某些应付账款金额较大或被审计单位处于经济困难时期，则应进行应付账款的函证。

进行函证时，审计人员应选择金额较大的债权人以及那些在资产负债表日金额不大甚至为零，但为企业重要供应商的债权人，作为函证对象。此外，还应考虑在上一年度供过货而本年度又没有供货的，以及没有按月寄送对账单的供应商和存在关联交易的账户进行函证。

函证最好采用肯定形式，并具体说明应付金额。同应收账款的函证一样，审计人员必须对函证的过程进行控制，要求直接回函，并根据回函情况编制与分析函证结果汇总表；对未回函的，应考虑是否再次致函。

对未能函证、期末余额变动较大以及函证未果的明细账户应采取替代程序。比如，可以检查决算日后应付账款明细账及现金和银行存款日记账，核对其是否已支付，同时检查该笔债务的相关凭证资料，核实交易事项的真实性。

4. 查找未入账的应付账款

为防止企业低估负债，审计人员应检查被审计单位有无故意漏记应付账款的行为。

（1）检查被审计单位在决算日尚未处理的不符合要求的购货发票及有关材料入库凭证和未收到购货发票的经济业务，并询问会计人员未入账的原因。

（2）检查购货发票与验收单不符或未列明金额的发票单据，应审查决算日的全部待处理凭单，确定是否有漏记的应付账款。

（3）审阅结账日之前签发的验收单，追查至应付账款明细账，检查是否有货物已收，而负债未入账的应付账款。

（4）检查企业决算日后收到的购货发票，确定这些发票记录的负债是否应记入决算日。

（5）检查企业决算日后收到应付账款明细账贷方发生额的相应凭证，确定其入账时间是否正确。

（6）抽查未结算货物和劳务采购，检查有无未入账的应付账款。

5. 对应付账款明细余额进行分析并作必要的重新分类调整或会计误差调整

（1）结合以前年度审计情况，对应付账款明细余额进行调查分析，以确定是否存在借方余额，是否将本应在“其他应付款”、“预付账款”等科目中核算的账项一并在“应付账款”科目核算。如存在此类问题，应作重新分类处理。

（2）结合预付账款明细余额，查明是否有应付账款和预付账款同时挂账的项目，结合其他应付款的明细余额，查明有无不属于应付账款的其他应付款。如有，应做出记录，必要时建议被审计单位作重新分类调整或会计误差调整。

6. 其他应付账款项目

（1）检查带有现金折扣的应付账款是否按发票上记载的全部应付账款金额入账，待实际获得现金折扣时再冲减财务费用项目。

（2）被审计单位与债权人进行债务重组的，应结合债务重组事项的专项审计，检查有关的会计处理是否正确。

（3）关注是否存在应付关联方账款。如有，应通过了解关联交易事项的内容、价格和条件，检查采购合同等方法确认该应付账款的合法性和合理性；通过向关联方或其他审计人员查询及函证等方法，确认交易的真实性。

（4）对于用非记账本位币结算的应付账款，检查其采用的折算汇率是否正确。

（5）审查应付账款是否已在会计报表及附注中得到恰当披露。一般来说，“应付账款”项目应根据“应付账款”和“预付账款”科目所属明细科目的期末贷方余额的合计数填列。

（6）如果被审计单位是上市公司，则通常在其财务报表附注中说明有无欠持有 5%以上（含 5%）表决权股份的股东单位账款；说明账龄超过 3 年的大额应付账款未偿还的原因，并在期后事项中反映资产负债表日后是否偿还。

三、应付账款审计案例

【例 4-2】企业利用应付账款隐匿收入的案例。

资料：审计人员 2011 年 1 月对本市长红公司“主营业务收入”账户审计时发现，2010 年年末销售正值旺季时，该公司的收入却大幅度下降。审计人员调阅了上年 12 月的往来账，发现“应付账款”中有三家大客户债务上升较大的记录，又调阅了有关的记账凭证三张，内容为：

借：银行存款	3 000 000
贷：应付账款——A 公司	1 800 000
——B 公司	600 000
——C 公司	600 000

所附的原始凭证均为银行进账回单，以及分别向三家公司开出的销货发票。据查证相关销售商品的成本为 1 600 000 元，该公司尚未结转销售成本。

要求：（1）指出被审计单位账务处理中存在的问题，这样做的目的是什么？

（2）如何进行账项调整？

分析：

（1）被审计单位是故意利用应付账款隐匿收入，目的是偷漏税款，既少交增值税，同时又人为地压低利润，导致少纳企业所得税。

（2）账项调整如下：

1）借：应付账款——A 公司	1 800 000	
——B 公司	600 000	
——C 公司	600 000	
贷：以前年度损益调整		2 564 102.56
应交税费——应交增值税（销项税额）		435 897.44
2）借：以前年度损益调整	1 600 000	
贷：库存商品		1 600 000
3）借：以前年度损益调整	241 025.64	
贷：应交税费——应交所得税		241 025.64
4）借：以前年度损益调整	723 076.92	
贷：利润分配——未分配利润		723 076.92
5）借：利润分配——未分配利润	72 307.69	
贷：盈余公积——法定盈余公积		72 307.69

【例 4-3】对企业应付账款余额函证的案例。

资料：审计人员正在对新苗公司的应付账款项目进行审计，根据需要，决定对该公司下列四个明细账户中的两个进行函证：

	应付账款年末余额/元	本年度进货总额/元
A 公司	1 800 000	20 250 000
B 公司	560 000	745 000
C 公司	—	19 600 000
D 公司	180 650	460 000

要求：请问审计人员应选择哪两家供货商进行函证？为什么？

分析：审计人员应选择 A 公司和 C 公司进行应付账款余额的函证。因为函证应付账款，应选择那些可能存在较大余额而并非在会计决算日有较大余额的债权人。函证的目的在于查实有无未入账负债，而不在于验证具有较大年末余额的债权人。本年度新苗公司从 A、C 两家公司采购了大量商品，存在漏记负债业务的可能性更大。

项目总结

购货与付款业务循环是指企业从外部购进商品或劳务以及由此产生的已付或未付货款的业务过程。该循环的特性包括购货与付款循环中的主要业务活动和购货与付款循环所涉及的主要凭证与会计记录两部分内容。

购货与付款循环控制测试主要包括职责分离、请购控制、订货控制、验收控制、实物控制、应付账款控制和内部核查程序等关键控制点进行控制测试。

材料采购的实质性审计程序中主要包括对采购合同、存货采购成本、存货采购相关账务处理的审查。

应付账款的实质性审计程序主要包括核对应付账款，实施分析性复核程序，函证应付账款，查找未入账的应付账款，分析应付账款明细账的余额，检查应付账款在财务报表上的列报是否恰当等。

本项目重点掌握材料采购和应付账款的实质性测试程序。

项目五　生产与服务循环审计

项目导航

学习目标

- 了解生产与服务循环业务特性
- 知悉生产与服务循环内部控制及其审计程序
- 掌握存货成本的审计
- 掌握存货的监盘与截止审计
- 知悉应付职工薪酬的审计

具体任务

任务一　了解生产与服务循环业务特性
任务二　知悉生产与服务循环内部控制及其测试
任务三　掌握存货成本的审计
任务四　掌握存货监盘与截止审计
任务五　知悉应付职工薪酬的审计

任务一　了解生产与服务循环业务特性

任务要求

1. 了解生产与服务循环的概念
2. 理解生产与服务循环的主要业务活动
3. 了解生产与服务循环涉及的主要凭证和会计记录

知识储备

什么是生产与服务循环？其业务的特性是什么？

一、生产与服务循环的概念

生产循环是指从请购原材料开始直到形成完工产品为止的过程。该循环所涉及的报表项目主要是存货、应付职工薪酬、主营业务成本等。其中，存货又包括材料采购或在途物资、原材料、库存商品、材料成本差异、商品进销差价、委托加工物资、生产成本、存货跌价准备等。

企业的服务循环是与企业职员报酬有关的事项和活动组成的。报酬的种类包括：①薪金；②计时和计件工资；③奖金；④津贴；⑤职工福利费；⑥职工社会保险费；⑦非货币性福利；⑧职工住房公积金等。这一循环的主要类型是工资交易。该循环所涉及的报表项目主要有库存现金、银行存款、生产成本、制造费用、应付职工薪酬、其他应收款、其他应付款、管理费用、销售费用、其他业务成本等。

二、生产与服务循环业务的特性

生产与服务循环业务特性包括两部分内容：一是本循环中的主要业务活动；二是本循环所涉及的主要凭证和会计记录。

1. 生产与服务循环中的主要业务活动

（1）生产循环所涉及的主要业务活动包括计划与安排生产，发出原材料，生产产品，核算生产成本，储存产成品，发出产成品，保持存货余额的正确性。上述业务活动通常涉及生产计划、仓库、生产、人事、销售、会计等部门。

1）计划和安排生产。生产计划部门的职责是根据顾客订单或者对销售预测和存货需要的分析来决定生产授权。该部门通常应将发出的生产通知单编号并加以记录控制，编制材料需求报告，列示所需要的材料和零件及其库存。

2）发出原材料。仓库部门的责任是根据从生产部门收到的领料单发出原材料。领料单上必须列示所需的材料数量和种类，以及领料部门的名称。领料单可以一单一料，也可以一单多料，通常一式三联。仓库发料后，以其中一联连同材料交还领料部门，其余两联经仓库登记材料明细账后，送会计部门进行材料收发核算和成本核算。

3）生产产品。生产部门在收到生产通知单及领取原材料后，将生产任务分解，并将所领取的原材料交给生产工人，据以执行生产任务。生产工人在完成生产任务后，将完成的产品交生产部门查点，然后转交检验员验收并办理入库手续。

4）核算产品成本。为了正确地核算产品成本，对在产品进行有效控制，必须建立健全的成本会计制度，将生产控制和成本核算有机结合在一起。一方面，生产过程中的各种记录、生产通知单、领料单、记工单、入库单等文件资料都要汇集到会计部门，由会计部门对其进行检查和核对，了解和控制生产过程中存货的实物流转。另一方面，会计部门要设置相应的会计账户，会同有关部门对生产过程中的成本进行核算和控制。成本会计制度可以简单地只在期末记录存货余额；也可以是完善的标准成本制度，持续地记录所有材料处理、在产品和产成品，并产生成本差异分析报告。完善的成本会计制度应该提供原材料转为在产品、在产

品转为产成品，以及按成本中心、分批生产任务通知单或生产周期所消耗的材料、人工和间接费用的分配与归集的详细资料。

5）储存产成品。产成品入库须由仓库部门先行点验和检查，然后签收；签收后，将实际入库数量通知会计部门。据此，仓库部门确立了本身应承担的责任，并对验收部门的工作进行验证。此外，仓库部门还应根据产成品的品质特征分类存放，并填制标签。

6）发出产成品。产成品的发出须由独立的发运部门进行。装运产成品时必须持有经有关部门核准的发运通知单，并据此编制出库单。出库单至少一式四联，一联交仓库部门，一联发运部门留存，一联送交顾客，一联作为给顾客开发票的依据。

7）保持存货余额的正确性。定期独立检查原材料、生产成本、自制半成品和产成品存货的明细账记录，是否与总账余额相符；将存货明细账上的数量同定期盘点存货得出的实际数量相比较。

（2）服务循环的主要业务活动。

1）雇用员工。被审计单位人事部门应负责雇用员工，并应用人事授权表来记录所有雇用员工的情况。在该表里，应列示员工的岗位、起薪和授权扣减的项目。人事授权表一份存于人事部门的员工人事档案里，另一份则送交工资部门。这项控制可减少虚列员工支付工资的漏洞，因此，与服务循环的“发生”认定有关。

2）授权变动工资。在公司中，可由员工的主管提出更换工种或提高工资标准的申请，但是，所有工资变动都应由人事部门授权。这项控制有助于保证工资的正确性，并与“准确性”的认定有关。人事部门还应负责对结束劳动合同关系的员工签发离职通知。离职通知应尽快送达工资部门，以防止对已离职员工继续支付工资。因此，这项控制又与“发生”认定有关。

3）编制出勤和计时资料。许多公司专门设置了计时部门，来负责这项工作，并经常使用打卡设备来记录员工的工作时间。为了防止代他人“打卡”，公司保安人员应负责监督员工打卡过程。对工厂员工而言，计时卡上的工时数必须有记工单佐证。记工单上列示了所执行工作的种类和完成这项工作耗用的直接人工时数。记工单上所有的工时数都应由主管人员书面批准。计时部门在调节已批准的记工单和计时卡后，应将其送达工资部门，工资部门据此编制工资单。由于以上计时功能控制确保了工作时间资料累计的正确性，因此这项控制与服务循环的“发生”、“完整性”、“准确性”、“计价和分摊”认定有关。

4）编制工资结算单和工资结算汇总表。工资部门在收到计时卡和记工单后，结合人事授权表资料，计算每位员工的工资总额，并编制一式两份的工资结算单。为了总括反映企业和各车间、部门工资支出总额，进行工资总分类核算，工资部门还应根据工资结算单编制一式三份的工资结算汇总表。其中一份工资结算单和工资结算汇总表连同计时卡和计工单留在工资部门，一份工资结算单、工资结算汇总表和填写的工资提现支票则送达财务主管办公室，另一份工资结算汇总表送往成本会计部门进行人工成本分配用。工资部门应特别注意检查员工的编号有效性和员工工作小时数的合理性。这类控制与工资交易的“发生”、“完整性”、“准确性”、“计价和分摊”认定有关。

5）编制工资费用分配表。月末，工资部门应在汇总各部门工资的基础上，按受益对象将工资分配计入成本费用。工资部门需要根据工资结算单和有关工时记录编制工资费用分配汇总表。

6）按职工工资总额计提职工福利费、工会经费、职工教育经费、职工社会保险费、职工住房公积金。工资部门按照费用分配汇总表编制职工福利费、工会经费、职工教育经费、职工社会保险费、职工住房公积金计提分配表。该表一式两份，一份留在工资部门，另一份则连同工资费用分配表一起送交会计部门。

7）记录工资、福利费、工会经费、职工教育经费、社会保险费、职工住房公积金等。会计部门根据工资部门送来的工资费用汇总表和职工福利费、工会经费、职工教育经费、职工社会保险费、职工住房公积金等计提分配表填制转账凭证，并据以登记“生产成本”、“制造费用”、“管理费用”、“销售费用”、“应付职工薪酬”等有关账簿。

8）支付工资和保管未领工资。这一职能一般包括以下控制：①应由财务主管办公室的人员独立检查工资现金提现支票的金额与工资结算单和工资结算汇总表的一致性；②工资支票应由财务主管部门未参加计算和记录工资的人员签发；③签名设备与签字板只限于经过授权的人员接近；④工资应只发放给经适当确认的员工；⑤未领工资应保存在财务主管部门的保险柜里。

9）填写个人所得税申报单。被审计单位必须指派专人负责为每位应纳所得税的员工填写申报单，并缴纳税款，以避免被罚款和交纳滞纳金，以及陷入被诉讼境地。

10）按规定用途使用职工福利费。职工福利费应按规定用途使用，不得乱支乱用。

2. 生产与服务循环业务的主要凭证和会计记录

（1）生产循环业务的主要凭证和会计记录。生产循环由原材料转化为产成品的有关活动组成。该循环包括制造产品品种和数量的生产计划，控制、保持存货水平以及与制造过程有关的交易和事项，涉及的凭证和会计记录主要包括以下几个方面：

1）生产指令，又称“生产任务通知单”，是企业下达生产任务的书面文件，用以通知生产车间组织产品制造、供应部门组织材料发放、会计部门组织成本计算。

2）领发料凭证，是企业为了控制材料发出所采用的各种凭证，如材料发出汇总表、领料单、限额领料单、领料登记表、领料登记簿、退料单等。

3）产量和工时记录，是登记工人或生产班组在出勤日内完成的产品数量、质量和生产产品所耗用工时数量的原始记录。产量和工时记录的内容与格式是多种多样的，由于生产类型不同而采用不同格式的产量和工时记录。常见的产量和工时记录主要有工作通知单、工序进程单、工作班组产量报告、产量通知单、产量明细表、废品通知单等。

4）工薪汇总表及工薪费用分配表。工薪汇总表是为了反映企业工资的结算情况，并据以进行工薪结算总分类核算和汇总整个企业工薪费用而编制的，是企业进行工薪费用分配的依据。工薪费用分配表反映了各生产车间各产品应负担的生产工人薪酬及福利费等。

5）材料费用分配表，是用于汇总反映各生产车间各产品所耗费的材料费用的原始记录。

6）制造费用分配汇总表，是用来汇总反映各生产车间各产品所应负担的制造费用的原始记录。

7）成本计算单，是用来归集某一成本对象所应承担的生产费用，计算该成本计算对象的总成本和单位成本的记录。

8）存货明细账，是用来反映各种存货增减变动情况、期末库存数量及相关成本信息的会计记录。

(2) 服务循环业务的主要凭证和会计记录。

1）人事授权表，是指人事部门为工资目的而签发的书面通知，用以指出雇用每位新员工、每次职位变动的情况。

2）计时卡，用以记录每位员工在一个工薪支付期内每天工作小时数的表格，一般使用打卡钟在卡片上记录时间。

3）记工单，用以记录每位员工完成某项特定工作的小时数。

4）考勤簿，由考勤人员根据职工的计时卡和记工单记录的出勤和缺勤情况进行登记，除了反映出勤和缺勤情况外，还应反映出勤与缺勤时间分析等内容。

5）产量记录，是反映工人或班组在出勤时间内的产量和耗用生产工时的记录。产量记录不仅是计算计件工薪的依据，也是统计产量和生产工时的依据。

6）工资计算表，列示每一工资支付期间内每位员工的姓名、工薪总额、代扣工薪以及支付净额等资料的表格，是支付员工工薪和记录工薪的依据。

7）人工成本分配汇总表，列示每一工薪支付期间工薪支付总额的会计分类报告。

8）个人所得税申报表，列示每一位员工个人所得税申报与缴纳情况的报告。

9）员工人事档案，记录每位员工有关任用资料和签发的所有人事授权通知，以及奖惩情况。

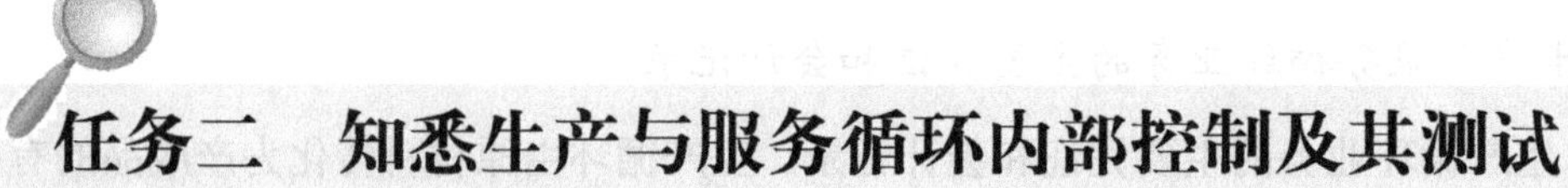

任务二 知悉生产与服务循环内部控制及其测试

任务要求

1. 了解生产与服务循环的内部控制制度的内容
2. 掌握生产与服务循环内部控制制度测试的程序和方法

知识储备

完善的生产与服务业务应设置哪些内部控制制度？审计人员应如何进行审查？

一、生产循环内部控制及其测试

1. 适当的职责分离

生产循环涉及的职责分离主要包括：①采购部门的工作人员应与验收、保管部门的人员适当分离；②生产计划的编制者应同其复核和审批人员适当分离；③产成品的验收部门应同产成品制造部门相互独立；④负责产成品储存保管职责的人不能同时负责产成品账户的会计记录；⑤存货的盘点不能只由负责保管、使用或负责记账的人员来进行，应由负责保管、使用、记账的人员以及独立于该职能的其他人员共同进行。

审计人员对于该项目的控制测试可以采用实地观察，询问相关人员等方法获取审计证据。

2. 正确的授权审批

生产业务的授权审批主要集中在以下两个关键点：①生产指令的授权批准，每张生产通知单必须经主管人员或者经授权的生产人员签字，发出的所有生产通知单应编号并加以记录控制；②领料单的授权批准，领料单上必须列示所需的材料数量和种类，以及生产通知单的编号。

审计人员可以检查相关凭证中是否包括这两个关键点的恰当审批。

3. 正确的成本核算

成本的核算是以经过审核的生产通知单、领发料凭证、产量和工时记录单、人工费用分配表、材料费用分配表、制造费用分配表为依据的。企业采用适当的成本核算方法和费用分配方法，并且前后各期应当保持一致，以及采用适当的成本核算流程和账务处理流程。

审计人员可以检查有关成本的记账凭证是否附有生产通知单、领发料凭证、产量和工时记录单、人工费用分配表、材料费用分配表、制造费用分配表等原始凭证及其顺序编号是否完整；选取样本测试各种费用的归集和分配以及成本的计算；测试是否按照规定的成本核算流程和账务处理流程进行核算和账务处理。

4. 保持存货余额的正确性

这项功能包括两项控制：①应定期独立检查原材料、生产成本、自制半成品和产成品存货的明细账记录，是否与总账余额相符；②应将存货明细账上的数量同定期盘点存货得出的实际数量相比较。

审计人员可以抽查有关明细账和总账，并询问和观察存货盘点程序。

二、服务循环内部控制及其测试

1. 实行职责分离控制

服务循环内部控制的职责分离制度有助于防止舞弊。在服务循环中，主要包括人事计划与决策、雇佣员工、编制考勤记录、编制工资单、记录和分配工资费用等职能。以上各个职能应由不同的岗位来完成，起到相互制约的作用。审计人员可以询问和观察各项职责执行情况。

2. 人事管理控制

人力资源部门应当建立和健全人事管理制度，包括与新员工签订劳动合同，对工薪定级及变动进行授权，保管人事记录，防止未经授权的人接近这些记录，同时对员工的能力和业绩进行调查考核。审计人员可以检查被审计单位人事档案；查看在新进员工和员工离职时，人力资源部门是否能够及时通知工资计算部门；抽查工资授权变动表，检查授权表是否及时送交工薪计算部门。

3. 考勤记录控制

考勤记录是计算应发工薪的基础。如果在考勤记录（或产量工时记录）上弄虚作假，则会产生虚假工薪等舞弊行为。为了对考勤进行适当控制，应健全原始记录，严格考勤措施。审计人员需要测试考勤制度是否健全，车间或部门是否指定专人负责考勤记录、工时记录、

产量记录等原始记录，员工的岗位变动、出勤等情况是否正确及时地得到反映。

4. 工薪单审核控制

人力资源部门应当审核工薪单的计算和汇总，应当指定专人审核工薪单的合计数是否正确，核对每一员工的考勤记录和工薪率是否正确。审计人员需要检查工薪记录中有关核准的标记。

5. 工薪发放控制

工薪单和工薪汇总表经审核后才能发放。签发支票要经过授权批准。审计人员需要检查工薪分配表、工薪汇总表、工薪结算表，并核对员工工薪手册等。

6. 记录和分配工薪费用控制

按照审核的工薪汇总表登记有关应付职工薪酬等账户和审核过的工薪分配汇总表分配工薪费用，审计人员可以选取样本测试工薪费用的归集和分配，测试是否按照规定的账务处理流程进行账务处理。

任务三　掌握存货成本的审计

任务要求

1. 了解存货成本审计目标
2. 掌握生产成本和主营业务成本的实质性程序
3. 掌握存货成本审计案例的分析方法和技巧

知识储备

存货成本审计包含哪些内容？其实质性测试的程序有哪些？

一、存货成本审计目标

存货是指企业在日常活动中持有以备出售的产成品或商品，以及处于生产过程中的在产品、在生产过程或提供劳务过程中耗用的材料和物料等。

存货的特点是在流动资产中金额比重最大、种类数量繁多、计价方法较多、对净收益影响较大。基于存货的这些特点决定了存货成本审计是资产负债表审计的重要项目。存货成本审计所要实现的目标包括以下几方面：

（1）确定存货是否真实存在，是否归被审计单位所有。

（2）检查存货的所有业务是否均已登记入账。

（3）审查存货计价方法的恰当性。

（4）确定存货的品质状况，存货的期末余额是否正确。

（5）确定存货跌价准备的计提是否合理。

（6）确定存货截止期的正确性。

（7）确定存货在财务报表上列报的恰当性。

二、生产成本的实质性审计程序

生产成本的实质性程序包括直接材料成本审计、直接人工成本审计和制造费用审计、产品成本计算审计等内容。

1. 直接材料成本审计

直接材料是指为生产产品耗用的各种材料，包括原料及主要材料、辅助材料等。直接材料成本的审计一般应从审阅材料和生产成本明细账入手，抽查有关的费用凭证，验证企业产品直接耗用材料的数量、计价和材料费用分配是否真实、合理，其主要程序包括以下几个方面：

（1）直接材料耗用量的审查。审计人员应着重审查各种材料的领料单、退料单和材料费用分配表，并逐项加以核对，审查其数量是否相符；材料费用的开支范围是否合规，领用材料的业务是否经过有关部门或人员授权批准，查明直接材料耗用量中有无把非生产性用料，如基建部门用料、福利部门用料等，计入直接材料费用的情况；查明有无材料耗用量超计划或定额的情况，已领未用的材料有无办理退库或办理假退料手续，有无虚增材料成本的现象；审查领料单的签发是否经过授权，有无擅自领用材料的情况。

（2）直接材料计价的审查。直接材料的计价既可采用计划成本法，也可采用实际成本法。审计人员在审查时，首先要查明企业日常材料核算采用哪种计价方法，有无在一个会计年度内既使用计划成本法，又使用实际成本法，致使产品成本失真的情况；在采用实际成本计价的情况下，有无期末库存材料单价与生产耗用材料单价相差较大的情况，计算发出材料成本计价方法前后各期是否一致；在采用计划成本计价的情况下，有无利用材料成本差异的分配，人为地调节生产成本的现象。

（3）材料费用分配的审查。审计人员通过审阅、复核、核对等方法，对“材料费用分配表”、有关记账凭证、“生产成本”明细账等进行审查，证实材料费用分配依据是否合理，分配方法是否前后各期一致，分配结果是否真实正确；查明有无将不应计入产品成本的材料费用计入产品成本，或将应计入产品成本的材料费用计入其他费用，造成成本虚增、虚减的现象等。

（4）分析比较同一产品前后各期的直接材料成本，如有重大波动，应查明原因。

【例 5-1】某机械公司材料按计划成本计价核算，并按当月材料成本差异率计算调整出库材料的计划成本，某月基本生产用材料账户记录如下：

原材料——原料及主要材料

借方	贷方
期初：2 200 000 购入：5 000 000	发出：6 000 000
结存：1 200 000	

材料成本差异——原料及主要材料

借方	贷方
结转：330 000	期初：120 000 发生：240 000
	余额：30 000

（1）试分析存在的问题，并计算差错额。

（2）如何作出账项调整？

分析：

（1）分析存在的问题。

材料按计划成本计价核算时，其结转发出材料成本差异的金额是按加权平均原理计算的，因而发出材料的差异率应与库存材料的差异率相等。

结转差异率=−330 000÷6 000 000×100%=−5.5%

库存差异率=−30 000÷1 200 000×100%=−2.5%

可见结转差异率与库存差异率并不相一致，由于结转差异率的绝对值大于库存差异率的绝对值，显然是多转了发出材料应负担的节约差异，减少了当月的生产成本。这实质上是利用成本差异调节产品生产成本，是违反会计准则的一种违纪行为。

（2）计算差错额。

本月材料成本差异率=（−120 000−240 000）÷（2 200 000+5 000 000）×100%=−5%

本月应结转差异额=6 000 000×（−5%）=−300 000（元）

多结转节约差异=330 000−300 000=30 000（元）

（3）建议账项调整，会计分录如下：

借：生产成本　　30 000

　贷：材料成本差异　　30 000

2. 直接人工成本审计

直接人工成本是指企业为直接从事产品生产人员提供的各种形式的报酬，包括工资、奖金和津贴，以及按工资总额的一定比例计提的职工福利费和按国家规定的标准交纳的基本养老保险等。审计人员可在了解企业工资总额管理制度的基础上，通过审阅、核对、分析有关国家规定、企业劳动人事资料、职工名册、考勤记录、工资结算表、工时记录、工资费用分配表等资料，查明工资组成的内容是否真实、合规，工资标准是否合理，计算是否正确等。

（1）审查工资结算的正确性。通过审阅、核对“工资结算表”和“工资结算汇总表”，逐项审查工资计算及汇总的正确性；审查职工福利费的计算基数（即工资总额）是否正确，计提比例是否符合规定，计算结果是否正确。

（2）审查直接工资费用分配的正确性。对当月从事几种产品生产的生产工人工资，应在各种产品之间进行分配。首先应审查分配标准（一般为生产工时或定额工时）是否真实正确，进而再审查分配的方法是否合规、计算是否正确。审查中应注意以下问题：

1）企业所选用的分配标准和计算方法是否合理适当，是否符合企业实际情况。

2）在一个会计期间内是否任意改变直接人工的分配方法。

3）生产工时或定额工时、产量的统计资料是否真实，相关部门的数据是否一致。

4）分配的直接人工费用数额是否与工资分配汇总表中需分配的费用数额相符。

5）分配结果是否正确，有无随意分配等现象。

（3）分析比较各月的直接人工发生额，如有异常波动，应查明原因。

【例5-2】审计人员在对恒达公司2011年12月份工资费用分配审查中发现以下情况：

（1）恒达公司该月份生产工人工资200 000元计入生产成本。

（2）车间管理人员工资 8 000 元计入管理费用。

（3）厂房建筑人员工资 10 000 元计入生产成本。

请根据以上资料分析存在的问题，编制调整分录。

分析：恒达公司生产工人工资计入生产成本是正确的，但车间管理人员工资计入管理费用是错误的，应该计入制造费用（即计入产品成本），厂房建筑人员工资计入生产成本也是错误的，应该计入在建工程。针对以上情况，审计人员应与恒达公司进行沟通，建议该公司作调整会计分录：

借：制造费用　　8 000

　　贷：管理费用　　8 000

借：在建工程　　10 000

　　贷：生产成本　　10 000

3. 制造费用审计

制造费用是企业生产部门为组织生产产品或提供劳务而发生的费用。制造费用是由多种费用项目组成的间接费用，发生时不能直接计入产品成本，先通过“制造费用”账户进行归集，再按一定的标准分配计入各种产品的生产成本，所以制造费用的归集与分配情况都对产品成本产生了较大的影响，应在审查中予以重视。

（1）制造费用归集的审查。

1）取得或编制制造费用汇总表，并与制造费用总账、制造费用明细账核对，抽查制造费用中的重大数额项目，审查其是否合理。

2）审阅制造费用明细账，审查其核算内容是否正确，并应注意是否存在异常会计事项；如有异常，应追查至记账凭证及原始凭证，重点查明企业有无将不应列入成本的费用支出，计入制造费用。

（2）制造费用分配的审查。

1）审查制造费用分配标准是否合理。制造费用的分配标准一般有生产工时、机器工时、直接人工等，企业选择的分配标准应符合企业的生产技术条件，体现受益原则。分配标准一经确定，在一定时期内应保持稳定，不能随意变更。审查时应将分配标准与有关的原始记录进行核对。

2）审查分配率和分配额的计算是否正确，查明有无用人为估计数代替分配数的情况。

（3）审查制造费用分配的账务处理是否正确。

（4）比较前后各期及本年度内各月制造费用总额及其构成，分析制造费用的合理性。

【例 5-3】创智公司所得税率为 25%，法定盈余公积计提比例为 10%，存货采用先进先出法计价。审计人员在 2012 年 1 月份审阅该公司 2011 年制造费用明细表时，发现 12 月制造费用大幅度增加，审计人员怀疑其中可能有问题，于是调阅了 2011 年 12 月“制造费用——一车间”明细账，发现摘要栏中有“固定资产安装费”记录，金额为 100 000 元，检查该笔业务的记账凭证，其会计分录为：

借：制造费用　　100 000

　　贷：银行存款　　100 000

该记账凭证所附的原始凭证是一张发票和一张转账支票存根，根据发票证明是支付给某施工队的车间设备的安装费。现设备已安装完毕，投入使用。经了解，一车间12月份生产的甲产品全部已完工，查阅“库存商品——甲产品”明细账，12月月末没有余额，全部已对外销售。

请根据以上资料分析存在的问题，提出审计建议，并作出账项调整。

分析：

（1）存在问题：根据企业会计准则规定，设备安装费应计入在建工程，设备安装完毕达到预定可使用状态，再转入固定资产。但该公司将安装费计入制造费用，虚增成本，以期少计本期利润，偷漏所得税。

（2）审计建议：审计人员应提请该公司调整会计处理，并补交所得税。

（3）账项调整如下：

1）调整固定资产和上年损益。

借：固定资产　　100 000

　　贷：以前年度损益调整　　100 000

2）调整所得税费用。

借：以前年度损益调整　　25 000

　　贷：应交税费——应交所得税　　25 000

3）调整法定盈余公积。

借：以前年度损益调整　　75 000

　　贷：盈余公积——法定盈余公积　　7 500

　　　　利润分配——未分配利润　　67 500

4. 产品成本计算审计

（1）在产品成本计算审计。对于生产周期较长并且期初、期末在产品数量不均衡或在产品成本变动较大的企业，在产品成本的真实性和正确性对产品成本有着直接影响。决定在产品成本的两个主要因素是在产品数量及其计价，在产品成本计算的审计应从这两方面进行审查。

1）在产品数量的审查。确定在产品期末结存数量是计算在产品成本的基础，也是审查在产品成本的重要依据。由于在产品分散在各个车间、各道工序上，且流动性较大、不断变动，超过会计期末，在产品数量就难以核查，所以有的企业往往利用这一点任意多计或少计期末结存数量，以达到隐匿或虚增产品成本的目的。审计人员应获取生产成本明细账、在产品记录与在产品的入库、领用凭证等进行核对，审查其数量是否正确，并抽取部分在产品进行实地盘点，核对账实是否相符。审查时，审计人员应注意以下方面：认真核对“期末在产品盘存表”，将该表与“产品成本计算单”进行对比，查明相关数字是否相符；深入车间、班组了解企业对在产品是否经过认真盘点，有无漏盘或以估计数代替盘点数。如发现盘点不实，可选择价值较大的在产品作重点抽查或全面复查核实。

2）在产品成本审计。企业在产品成本计算可采用不同的方法，因而审查的内容也不相同。

① 采用“原材料成本法”计算在产品的审计。如果各月在产品数量较多，且原材料费用在产品成本中所占比重比较大时，可采用在产品成本只计算原材料费用的方法。在这种方法

下，直接人工及制造费用全部由完工产品负担。对在产品成本进行审查时，应着重核实月初和月末在产品的原材料盘存数和计价是否正确。

② 采用“约当产量法”计算在产品成本的审计。在产品完工程度折算是否正确，对在产品成本计算影响很大，所以审计时应首先审查约当产量计算是否正确；然后再根据“产品成本计算单”及“在产品盘存表”核实在产品成本中的材料成本。要注意是否按成本项目分别按不同的约当产量计算在产品成本，因为原材料一般是在生产开始时一次性投入，各步骤单位产品含有的原材料成本相等，所以不能把原材料与工资及其他费用按同一完工程度折算，否则就会少计在产品的原材料成本。如果原材料是在生产过程中逐步投入的，则要正确计算投料程度，按投料程度计算在产品成本中的材料费用。

③ 采用“定额成本法”计算在产品成本的审计。根据各工序“在产品盘存表”，核实在产品数量，确定在产品是否按定额成本资料计算。另外还要注意企业各月之间在产品数量的变化差异，如果在产品数量变化很大，就不宜采用这种方法计算在产品成本，因为月末在产品是按定额成本计算的，其实际成本脱离定额成本的差异，全部由完工产品负担，就会影响到完工产品成本的正确性。

另外，还应审查企业采用的在产品成本计算方法是否适合企业的实际情况，在产品成本计算是否正确，审查企业在产品成本计算方法有无随意变更的情况等。

（2）产成品成本计算审计。对产成品成本的审计，包括对产成品数量和产成品计价方法两方面的审计。在审查中，审计人员应注意企业的成本计算方法是否科学、合理，是否符合企业自身的生产经营特点，是否符合成本核算原则，企业产成品成本的计算是否真实、正确并公允地反映了企业生产过程中的实际耗费情况，是否存在某些错误或舞弊现象等。

审查的步骤如下：

1）产成品数量的审查。通过审阅生产部门提供的“产量统计表”和财会部门的“产品成本计算单”、“产成品明细账”，验证其中产品数量是否相符；将仓库的“产品入库单”与生产车间的完工产品记录进行核对，查明产成品完工数与入库数是否一致；注意有无虚增产量，将废品、半成品顶替产成品入库，或虚减产量，将已完工的产品不入库，隐匿不报，仍作为在产品处理，从而人为地调节产成品成本的现象。

2）产成品成本审计。应审查产成品计价方法是否符合企业生产经营和产品工艺流程特点及成本管理要求，是否符合规定并保持前后期一致，还应审查产品成本计算是否正确。因为期初在产品成本就是上月的月末在产品成本，所以在对本期月末在产品成本进行审计后，就可以确定完工产品成本。

生产费用和成本的关系可以表达为

产成品总成本=期初在产品成本+本期发生的生产费用−期末在产品成本

所以，对产品成本计算审计主要是核实完工产品成本和在产品的成本是否真实、正确，重点是审查本期发生的成本总额是否正确，以及生产费用在完工产品与在产品之间的分配是否合理。

【例 5-4】审计人员审查兴安公司 2011 年年度利润表时，抽查 12 月份的成本资料，发现甲产品已完工 600 件，月末在产品 300 件，原材料在生产开始时一次投入，月末完工产品与在产品之间的费用，按约当产量比例进行分配，在产品完工程度按平均 50%计算。甲产品

的成本计算资料见表5-1。

表5-1 产品成本计算表

（单位：元）

项　目	月初在产品成本	本月发生费用	完工产品成本	月末在产品成本
直接材料	16 000	119 000	108 000	27 000
直接人工	5 800	48 200	43 200	10 800
制造费用	2 350	16 400	15 000	3 750
合　计	24 150	183 600	166 200	41 550

请根据以上资料分析该企业成本计算是否正确，并指出存在的问题。

分析：

（1）对完工产品和在产品成本的审计应采用分析复核的方法。

1）因为原材料在生产开始时一次投入，所以在产品的约当产量为300件。

材料费用分配率=（16 000+119 000）÷（600+300）=150（元/件）

完工产品负担材料费用=150×600=90 000（元）

在产品负担材料费用=150×300=45 000（元）

2）直接人工分配率=（5 800+48 200）÷（600+300×50%）=72（元/件）

完工产品负担直接人工费=72×600=43 200（元）

在产品负担直接人工费=72×150=10 800（元）

3）制造费用分配率=（2 350+16 400）÷（600+300×50%）=25（元/件）

完工产品负担制造费用=25×600=15 000（元）

在产品负担制造费用=25×150=3 750（元）

（2）根据上述情况，审计人员可以初步判断该企业制造成本会计控制不健全，完工产品和在产品成本分配存在人为调节情况，本月完工产品成本多计了18 000（108 000–90 000）元，在产品成本少计了18 000元。应进一步扩大审查范围，评价制造成本会计的合理性，并在此基础上审查对销售成本的影响程度。

（3）因为该企业存在人为调节制造成本的情况，所以可能导致虚减当年利润，偷漏所得税。审计人员对此应提请被审计单位认真调整成本、利润资料，并按规定补交所得税。

三、主营业务成本的实质性审计程序

对主营业务成本的审计，应通过审阅主营业务收入明细账、库存商品明细账等，并核对商品出库单、销售发票等原始凭证和记账凭证进行，其实质性程序主要内容包括以下几个方面：

（1）取得或编制主营业务成本明细表，与总账和明细账核对相符，并进行分析。

1）比较前后各期及本年度各月不同品种产品的主营业务成本，查明不同品种产品的主营业务成本是否存在异常情况，分析产生异常的原因。

2）比较前后各期及本年度各月主营业务成本的波动趋势，查明各月主营业务成本波动情况的原因。

3）比较前后各期及本年度各月主要产品的单位产品成本，查明主要产品单位成本存在异常情况的原因。

（2）审查主营业务成本结转明细清单，分析比较主营业务成本的计算、结转与主营业务收入的口径是否一致，是否符合配比原则。

（3）审查主营业务成本的内容和计算方法是否正确，是否遵循可比性原则。根据可比性原则，企业计算结转主营业务成本的计价方法前后各期应该保持一致。通过审阅主营业务成本明细账和库存商品明细账，查明主营业务成本的计算方法前后各期是否一致，有无任意改变计价方法，达到调增、调减主营业务成本，进而达到虚增或虚减利润目的的现象。同时也注意审查主营业务成本的计价方法是否合理、合规。

（4）编制生产成本与主营业务成本倒轧表（见表 5-2），并与总账核对相符。

表 5-2 生产成本及主营业务成本倒轧表

（单位：元）

项 目	未 审 数	调整或重分类金额借（贷）	审 定 数
原材料期初余额			
加：本期购进			
减：原材料期末余额			
其他发出额			
直接材料成本			
加：直接人工成本			
制造费用			
生产成本			
加：在产品期初余额			
减：在产品期末余额			
产品生产成本			
加：产成品期初余额			
减：产成品期末余额			
主营业务成本			

（5）针对主营业务成本中重大调整事项（如销售退回），审查相关原始凭证，评价真实性和合理性，审查其会计处理是否正确。

（6）结合其他业务成本审计，确定营业成本（包括主营业务成本和其他业务成本）在利润表中是否恰当披露。

【例 5-5】审计人员对龙发公司的主营业务成本进行审计，通过审查该企业的主营业务成本明细表，并与有关明细账、总账核对，发现账表之间数字完全相符。有关数字如下：

原材料期初余额 10 000 元

本期购进原材料 25 000 元

原材料期末余额 8 000 元

本期销售材料 3 000 元

直接人工成本 15 000 元

制造费用 12 000 元

在产品期初余额 23 000 元

在产品期末余额 25 000 元

产成品期初余额 40 000 元

产成品期末余额 38 000 元

审计人员通过对有关业务及凭证的进一步审计，发现以下问题：

（1）对期末在产品的盘点发现，在产品的实际成本为 38 000 元。

（2）领而未用的原材料 3 000 元，未作假退料处理。

（3）在建工程人员的工资计入生产成本 2 000 元。

请根据资料分析上述业务，指出存在的问题，并编制调整分录。

分析：根据以上资料审计人员编制生产成本及主营业务成本倒轧表，重新计算企业的主营业务成本见表 5-3。

表 5-3 龙发公司生产成本及主营业务成本倒轧表

（单位：元）

项　　目	未审数	调整或重分类金额借（贷）	审定数
原材料期初余额	10 000		10 000
加：本期购进	25 000		25 000
减：原材料期末余额	8 000	借 3 000	11 000
其他发出额	3 000		3 000
直接材料成本	24 000		21 000
加：直接人工成本	15 000	贷 2 000	13 000
制造费用	12 000		12 000
生产成本	51 000		46 000
加：在产品期初余额	23 000		23 000
减：在产品期末余额	25 000	借 13 000	38 000
产品生产成本	49 000		31 000
加：产成品期初余额	40 000		40 000
减：产成品期末余额	38 000		38 000
主营业务成本	51 000		33 000

通过计算结果，由于企业多计产品生产成本 18 000 元，导致多计主营业务成本 18 000 元，应建议该企业作调账分录如下：

借：库存商品　　18 000

　　贷：主营业务成本　　18 000

任务四　掌握存货监盘与截止审计

任务要求

1. 知悉存货监盘的定义和特点
2. 掌握存货监盘的程序
3. 知悉存货截止审计的含义
4. 掌握存货截止审计的方法
5. 理解存货期末计价审计的方法

何为存货监盘？怎样进行存货监盘？何为存货截止审计？怎样进行存货截止审计？

一、存货的监盘

1. 存货监盘的定义和特点

（1）存货监盘的定义。存货监盘是审计人员现场观察被审计单位的存货盘点，并对已盘点存货进行适当检查。可见，存货监盘有两层含义：一是审计人员应亲临现场观察盘点；二是审计人员应根据需要进行适当的抽查。存货监盘的目的是获取有关存货数量和状况的审计证据。存货监盘针对的主要是存货的存在认定、完整性认定以及权利和义务认定，存货数量的准确性直接影响到这三个认定。

观察存货盘点是一种公认的审计程序，不仅实用，而且合理。除非出现无法实施存货监盘的特殊情况，审计人员可以实施必要的替代程序，在绝大多数情况下都必须亲自观察存货盘点过程，实施存货监盘程序。

（2）存货监盘的特点。

1）被审计单位实施的实地盘存既是一项控制程序，又是一项独立活动，且它的效用并不依赖于对处理业务的控制。

2）审计人员进行的监盘是观察、询问和实物检查工作的集合程序。

3）审计人员的目的是为了确定被审计单位存货计量和存货记录程序的运作是否有效。

4）不存在满意的替代程序来计量和观察期末存货。

2. 存货监盘的审计程序

（1）参与存货盘点的准备与计划。为了使存货的盘点工作有条不紊地进行，审计人员应参加存货盘点的准备与计划。例如确定盘点的时间、组织盘点的人员、备齐盘点的器具、分发盘点清单以及对盘点过程的控制等进行安排后，审计人员要将盘点的计划以书面形式通知所有参加盘点的人员，并将盘点计划的适当性和评价记入审计工作底稿。

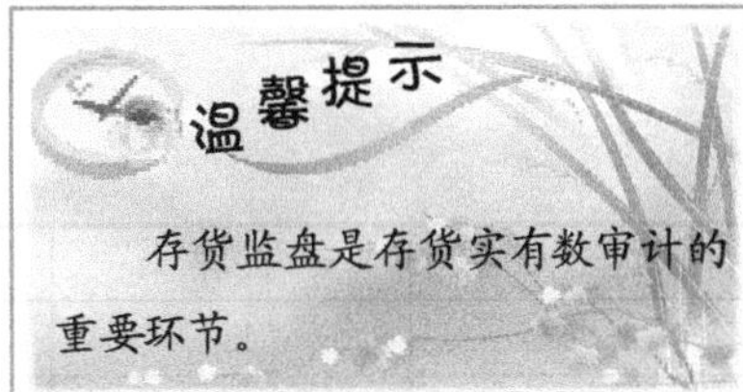

（2）监督并抽查存货的实地盘点。

1）监督盘存法的运用。一般情况下，审计人员对于贵重的原材料采用直接盘存法确定实存的数额，而对于数量较大的一般材料物资运用监督盘存的方法即可。在存货分类摆放、盘点标签或盘点清单已编制妥当，各种计量器具准备齐全后，审计人员就应监督盘点人员按盘点计划进行盘点。为了确保盘点结果的准确性，审计人员应进行必要的抽验，一般抽验的数量不低于存货数量的10%，并将抽查的结果与盘点清单相比较，然后记入审计工作底稿。如果抽查中发现错误次数过多，错误数额过大，则要求整个部门或整个企业的存货全部重新盘点。盘点结束后，应将全部的盘点标签或盘点清单按编号顺序汇总，并据以登记

盘点表。同时，审计人员应根据企业存货的盘点情况，撰写盘点备忘录，将盘点程序、盘点中存在的重大问题的处理和盘点结果予以记载，并连同整个企业的盘点计划、盘点表等资料一起整理记入审计工作底稿。

2）调节法的运用。存货的盘点日往往在结账日之后，审计人员应根据盘点日数量和结账日至盘点日的收支数量，利用调节法倒推计算结账日数量，然后与被审计单位结账日的账面结存数量相比较，如果发现实际库存与账面数字不一致时，应查找原因并在审计工作底稿中作出说明。

（3）复核存货的盘存方法和计价方法。审查中，审计人员应注意企业对财产物资的管理是否实行永续盘存制，随时反映财产物资的收入、发出和结存情况。企业对于财产物资的计价是实际成本计价还是计划成本计价。如果采用实际成本计价，存货发出采用何种计价方法；如采用计划成本计价，计划价格是否与市场价格接近。对于低值易耗品和对外出租出借的包装物等周转材料的摊销采用一次摊销法、分次摊销法还是五五摊销法，方法选择是否适当，是否存在随意改变的情况。

（4）审查分析存货账实差异的原因。通过对存货进行实地盘点，取得有效的实物证据，并同账面记录的数量、单价进行比较发现账实差异，审计人员还需要分析差异产生的原因，操作中应注意分析以下问题：

1）企业在存货保管的环节有无白条抵库现象，表面账实相符，但实际上却无法收回。

2）仓库内有无已办理提货手续，但购货方尚未提货或外单位暂时寄存的材料物资抵充库存的情况。

3）外单位借用的材料物资是否未及时登记造册，造成账有实无。

4）仓库中生产用料与专项工程用料是否分别堆放，科学管理，有无相互混用、东补西凑的情况。

5）按数量或重量装成小包装，再装成大包装的材料物资是否存在外形上大包装完整，而实际上中、小包装短缺的情况。

6）仓库中有无以旧充新、以次充好，侵吞合格材料物资的情况。

7）仓库中有无长期积压，腐烂、变质的材料物资长期挂账不处理的情况。

【例 5-6】审计人员于 2012 年 6 月 30 日审查某公司存货的实有数时，对存货进行了监督盘点，盘点结果编制存货盘点表，见表 5-4。

表 5-4　存货盘点表

2012 年 6 月 30 日

名　称	计量单位	单价／元	账面结存	实际库存	差　额
酒　精	kg	8	1 200	1 195	−5
白铁皮	张	50	3 500	3 400	−100
黑铁皮	张	52	2 800	2 900	+100
电　线	m	5	8 000	7 000	−1 000
节能灯泡	只	5.5	850	780	−70

保管员：王　明　　　　会计主管：刘　宏　　　　审计人员：张　阳

请根据资料分析上述盈亏状况的错误性质，提出正确的处理意见。

分析：从材料发生盘盈盘亏的情况看，酒精盘亏 5kg，属于自然损耗，应将盘亏损失记入“管理费用”账户；白铁皮盘亏 100 张，黑铁皮同时盘盈 100 张，是发出 100 张白铁皮误记入黑铁皮账上，只需要调整白铁皮和黑铁皮的明细账记录即可；电线和节能灯泡盘亏属于不正常现象，因为这些物资既可生产使用，也可生活使用，应追查缺失的原因。如果没有确实证据证明物资去向，应追究材料保管员的责任。审计人员应建议被审计单位作如下账项调整：

借：管理费用　　40

　　其他应收款——王明　　5 385

　　贷：原材料　　5 425

二、存货截止审计

1. 存货截止审计的含义

所谓存货截止审计，就是检查存货实物纳入盘点范围的时间与存货引起的借贷双方会计科目的入账时间都处于同一会计期间，包括采购截止测试和销售截止测试。一般而言，若未将年终在途货物列入当年存货盘点范围内，只要相应的负债也同时计入次年账内，对财务报表的影响就不重要。因此，存货采购截止测试的关键在于存货实物及其相对应的会计科目是否一并计入当年财务报表内。如果当年 12 月 31 日购入货物，并已包括在当年 12 月 31 日的实物盘点范围内，而购货发票是次年 1 月 2 日才收到，并已计入次年 1 月份账内，当年 12 月份账上并无进货和对应的负债记录，这就少计了存货和应付账款；相反，如果在当年 12 月 31 日就收到一张发票，并计入当年 12 月份账内，而这张发票所对应的存货实物却在次年 1 月 2 日才收到，未包括在当年年底的盘点范围内，这样就有可能虚减本年的利润。对年终存货的销售截止而言，即使被审计单位同时提前或推迟确认收入和相应的资产，都会虚增或虚减当年的收入和资产，因而必须确定所有的销售计入正确的会计期间。

2. 存货截止审计的方法

企业资产负债表上存货数字应当包括当年最后一天所购入并入库的存货，而不得包括其后购入和入库的存货；同样，企业年终前销售的存货，凡符合收入确认条件的，不管存货是否发出，都不能包括在当年企业存货数量中。存货截止审计的主要方法有以下几种：

1）抽查存货盘点日期前后的购货发票与验收报告或入库单，如果企业拥有对该存货的所有权，则档案中的每张发票均应附有验收记录。12 月底入账的发票如果附有 12 月 31 日或之前的验收报告，则货物肯定已经入库，并包括在本年的实地盘点存货范围内；如果验收报告日期为 1 月份或之后的日期，则货物不会列入年底实地盘点存货范围内；反之，如果仅有验收报告而并无购货发票，则应认真审核每一验收报告单上面是否加盖暂估入库印章，并以暂估价计入当年存货账内，待次年年初以红字冲销。这种测试主要针对以下情况：有发票，但无验收报告（货未到），属于在途物资，看在途物资是否纳入盘点范围；如果没有纳入盘点范围，则根据“期初余额+本期购入−期末结存=本期发出”会导致本期发出存货成本虚增，利润虚减。

2）审阅验收部门的业务记录，凡是接近年底（包括次年年初）购入的货物，必须查明其对应的购货发票是否在同期入账，对于未收到购货发票的入库存货，是否将入库单分开存放并暂估入账。这种测试主要针对以下情况：年底有验收，但无发票（属于货到单未到），应暂估入账，审计时应看是否暂估入账；如果没有暂估入账，则根据“期初余额+本期购入-期末结存=本期发出”会导致本期发出存货成本虚减，利润会虚增。

3）另外，审计人员在确定审计样本时，一般以截止日为界限，分别向前倒推或向后顺推若干日，按顺序选取较大金额购货业务的发票或验收报告作为审计样本。截止审计完成后，对于发现的错误应提请被审计单位作必要的账务调整。

三、存货期末计价审计程序

审计人员对期末存货计价进行审查时需要注意以下问题：

1. 审查存货减值迹象的判断是否正确

某些企业可能不按照会计准则的规定准确计提存货跌价准备，而是为了满足某些违规的目的，如调节利润等，计提或者冲回存货跌价准备。所以，审计人员首先应依据会计准则的相关规定审查被审计单位对存货减值迹象的判断是否正确。

2. 审查不同存货可变现净值的确定方法

企业确定存货的可变现净值，应当以取得的确凿证据为基础，并且考虑持有存货的目的、资产负债表日之后事项的影响等因素。审计人员应根据不同的情况验证被审计单位对期末存货可变现净值的确定金额是否正确。

（1）直接用于出售的产成品、商品等存货，没有销售合同约定的，是否以正常生产经营过程中，产成品或商品的一般销售价格（即市场销售价格）减去估计的销售费用和相关税费之后的金额计算其可变现净值。

（2）用于出售的材料是否以市场价格减去估计的销售费用和相关税费之后的金额作为其可变现净值。

（3）需要经过加工的材料存货，如原材料、在产品、委托加工材料等，在正常生产经营过程中是否以其所生产的产成品的估计售价减去至完工时估计将要发生的成本、估计的销售费用以及相关税费后的金额，确定其可变现净值。

（4）为执行销售合同或者劳务合同而持有的存货，其可变现净值是否以合同价格为基础，而不是以估计售价，减去估计的销售费用和相关税费之后的金额确定。

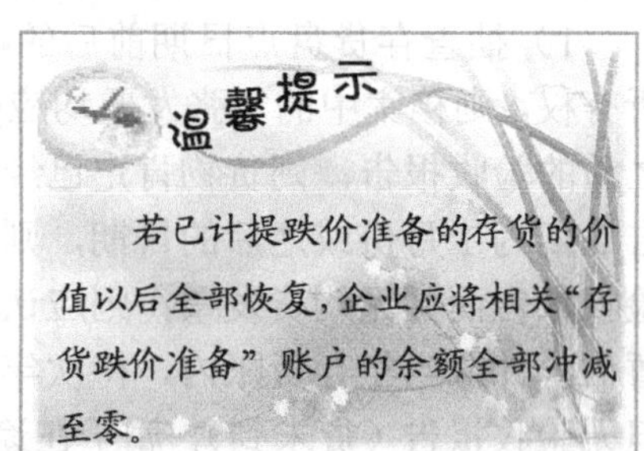

3. 审查存货跌价准备的账务处理

审查时应注意以下两方面：

（1）账户设置的合规性。审查企业是否设置“存货跌价准备”账户核算提取的存货跌价准备。

（2）账务处理的正确性。每一会计期末，企业计算出应提取的存货跌价准备数额时是否考虑了“存货跌价准备”的贷方余额，即如果应提数大于已提数，应按差额补提，借记“资产减值损失”账户，贷记“存货跌价准备”账户；如果应提数小于已提数，应按恢复部分的数额，冲销已计提数，借记“存货跌价准备”账户，贷记“资产减值损失”账户；若已计提跌价准备的存货的价值以后全部恢复（成本低于可变现净值），企业是否将相关“存货跌价准备”账户的余额全部冲减至零。另外，还要注意当企业已计提了存货跌价准备的存货出售或其他原因发出时是否及时冲转了已计提的跌价准备数额，如对外出售时，应作账务处理为：借记“存货跌价准备”账户，贷记“主营业务成本”账户。

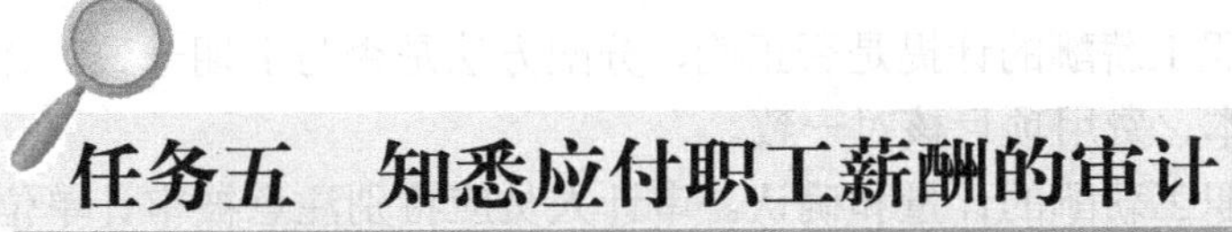

任务五　知悉应付职工薪酬的审计

任务要求

1. 了解应付职工薪酬的审计目标
2. 知悉应付职工薪酬实质性审计程序
3. 掌握应付职工薪酬案例分析的方法和技巧

知识储备

应付职工薪酬审计目标是什么？其实质性测试的程序有哪些？

一、应付职工薪酬审计目标

职工薪酬是企业支付给员工的劳动报酬，其主要核算形式有计时工薪和计件工薪两种。职工薪酬可以采用现金的形式支付，因而相对于其他业务更容易发生错误或舞弊行为，如虚报冒领、重复支付和贪污等。同时，职工薪酬也是企业成本费用的重要构成项目，所以在审计工作中便显得十分重要。应付职工薪酬的审计目标主要包括以下几个方面：

（1）确定应付职工薪酬计提和支出的记录是否完整，计提依据是否合理。

（2）确定应付职工薪酬期末余额是否正确。

（3）确定应付职责薪酬的列报是否恰当。

二、应付职工薪酬的实质性审计程序

（1）编制应付职工薪酬明细表，复核加计正确，并与报表数、总账数和明细账合计数核对是否相符。

（2）对本期应付职工薪酬执行实质性分析程序。

1）审查职工薪酬的发生额是否有异常波动；若有，则要求被审计单位予以解释。

2）将本期职工薪酬总额与上期进行比较，要求被审计单位解释其增减变动的原因，或取得公司管理层关于职工薪酬水平的决议文件。

3）了解被审计单位本期职工人数，计算人均薪酬水平，与上期或同期行业水平进行比较。

（3）审查本项目的核算内容是否包括工资、职工福利、社会保险费（医疗险、养老险、失业险、工伤保险和生育险）、住房公积金、工会经费、职工教育费、解除职工劳动关系补偿、股份支付等明细项目。外商投资企业按照规定从净利润中提取的职工奖励及福利基金，也应在本项目核算。

（4）审查应付职工薪酬的计提是否正确，分配方法是否与上期一致，并将应付职工薪酬计提数与相关的成本、费用项目核对一致。

（5）审查应付职工薪酬的计量和确认。审计人员应特别注意被审计单位是否有通过隐瞒或虚构职工人数进行盈余管理的情况，其表现形式有：在公司经营业绩较差时，将部分职工的薪酬在母公司或者合并范围外关联企业列支；在公司业绩较好时，将母公司或合并范围外关联企业人员职工薪酬在公司列支；直接隐瞒员工人数，支付这部分职工薪酬时计入借款或往来款，或者虚构职工人数，增加职工薪酬支出，对该部分职工薪酬进行账外核算等。

1）国家有规定计提基础和计提比例的，应当按照国家规定的标准计提，如医疗险、养老险、失业险、工伤保险和生育险、住房公积金、工会经费、职工教育费等；国家没有规定计提基础和计提比例的应按实际列支。

2）审查被审计单位以自产产品或外购商品发放给职工的非货币性福利，是否根据受益对象，按照该产品或商品的公允价值，计入相关资产成本或当期损益，同时确认应付职工薪酬；对于难以认定受益对象的非货币性福利，是否直接计入当期损益和应付职工薪酬。

3）审查被审计单位将其拥有的房屋等资产无偿提供给职工使用时，是否根据受益对象，将该住房每期应计提的折旧计入相关资产成本或当期损益，同时确认应付职工薪酬。

4）审查被审计单位租赁住房等资产供职工无偿使用时，是否根据受益对象，将该住房每期应付租金计入相关资产成本或当期损益，同时确认应付职工薪酬。

5）对于外商投资企业，按税后利润提取的职工奖励及福利基金应以董事会决议为依据，并符合有关规定。

（6）审查职工薪酬发放的合理性。审计人员应注意审查工资发放时，是否及时发放工资；工资领取人员是否在领取工资的同时，在工资结算单上签字以示领取；未领取的工资是否进行了会计处理；是否存在着借发工资之名滥发奖金、福利的现象；是否存在谎报发放工资套取现金行为；发放给职工的住房补贴是否有专门账户。

（7）审查应付职工薪酬期末余额中是否存在拖欠现象；如有，应了解拖欠的原因。

（8）审查应付职工薪酬是否已按照企业会计准则的规定在财务报表中作出恰当的列报。

三、应付职工薪酬审计案例

【例 5-7】审计人员在审查恒泰公司本月应付工资总额时发现存在问题。该公司本月应付工资总额 462 000 元，工资费用分配汇总表中列示员工工资为 320 000 元，车间管理人员工资为 70 000 元，企业行政管理人员工资为 60 400 元，销售人员工资为 11 600 元。恒泰公司的

有关会计分录为：

借：生产成本——基本生产成本　　320 000

　管理费用　　60 400

　销售费用　　81 600

　贷：应付职工薪酬——工资　　462 000

请根据上述资料，指出存在的问题，作出正确的账务处理。

分析：恒泰公司把车间管理人员的工资计入销售费用，应建议该公司进行账项调整，会计分录如下：

借：制造费用　　70 000

　贷：销售费用　　70 000

【例 5-8】审计人员在审计华威公司账务处理时发现问题。该公司总部为各部门经理级别以上的 20 名职工提供汽车免费使用，同时为副总裁以上高级管理人员（5 名）每人租赁一套 200 平方米的公寓住房。假定每辆桑塔纳汽车每月计提折旧 1 000 元，每套公寓月租金为 8 000 元。

该公司的有关会计处理如下：

借：管理费用　　60 000

　贷：累计折旧　　60 000

请根据上述资料，指出存在的问题，作出正确的账务处理，并调整当月的会计分录。

分析：该公司部门经理以上的 20 名职工免费使用桑塔纳汽车，每月应计提的折旧 20 000 元（1 000×20）应计入“管理费用”，同时确认应付职工薪酬。公司为 5 名副总裁以上高级管理人员租赁住房，每月租金 40 000 元（8 000×5）也应计入“管理费用”，并同时确认应付职工薪酬，但是租赁住房的租金不计提折旧，所以正确的会计处理为：

借：管理费用　　60 000

　贷：应付职工薪酬——非货币性福利　　60 000

借：应付职工薪酬——非货币性福利　　20 000

　贷：累计折旧　　20 000

当月编制调账分录为：

借：累计折旧　　40 000

　贷：应付职工薪酬——非货币性福利　　40 000

项目总结

生产与服务循环的特性主要包括生产与服务循环中的主要业务活动和生产与服务循环所涉及的主要凭证和会计记录两部分内容。

生产循环内部控制测试对职责分离、授权审批、成本核算、存货余额的正确性等关键控制点进行控制测试。服务循环内部控制测试主要对职责分离、人事管理、考勤记录、工薪单审核、工薪发放、记录和分配工薪费用等关键控制点进行控制测试。

存货成本实质性程序包括生产成本实质性审计程序、主营业务成本实质性审计程序。

存货监盘是审计人员对存货进行实质性测试中必须采用的步骤。监盘步骤主要包括制订存货监盘计划、确定存货监盘程序等工作。存货截止审计的主要方法是首先抽查存货盘点日期前后的购货发票与验收报告，其次是审阅验收部门的业务记录。存货期末计价的审查主要是确认存货跌价准备数额的真实性。

应付职工薪酬的实质性审计程序包括获取和编制应付职工薪酬明细表、执行分析性程序、检查职工薪酬的计提与分配方法是否正确，验证应付职工薪酬的列报是否恰当。

本项目重点是掌握存货成本审计、存货监盘与截止审计。

项目六 销售与收款循环审计

项目导航

学习目标

- 了解销售与收款循环的业务特性
- 掌握主营业务收入的实质性审计程序
- 掌握应收账款函证的方法及函证结果的处理
- 掌握坏账准备的计提及差错的调整

具体任务

任务一 了解销售与收款循环业务特性
任务二 理解销售与收款循环的内部控制及测试
任务三 掌握主营业务收入审计
任务四 掌握应收账款审计
任务五 掌握坏账准备审计

任务一 了解销售与收款循环业务特性

任务要求

1. 了解销售与收款循环的概念
2. 理解销售与收款循环的主要业务活动
3. 了解销售与收款循环主要会计凭证和会计记录

知识储备

什么是销售与收款循环？其业务的特性是什么？

一、销售与收款业务循环的概念

销售与收款循环是指企业接受销售订单，向顾客销售商品并收取价款的过程。该循环从客户提出订货要求开始，将商品转化成应收账款，并以收回现金为结束。从企业角度看，销售与收款是形成利润和现金流入的主要方面，也是企业产品价值得以实现的过程；从审计角度看，对销售和收款的确认既影响到资产负债表中的流动资产项目，又会影响到利润表中营业收入和营业费用等项目，最终会体现在企业的利润总额中。销售与收款循环影响的账户见表 6-1。

表 6-1　销售与收款循环影响的账户

业 务 循 环	资产负债表项目	利润表项目
销售与收款	应收账款、应收票据、坏账准备、预收账款等	营业收入、营业成本、销售费用等

二、销售与收款循环业务的特性

销售与收款循环的特性主要包括两部分内容：一是该循环中的主要业务活动；二是该循环所涉及的主要凭证和会计记录。

1. 销售与收款循环的主要业务活动

对销售收款循环进行审计，了解企业在该循环的典型活动是非常必要的，下面以赊销为例，介绍销售收款循环中的主要业务活动。

（1）接受订单。顾客向企业寄送订单，提出订货要求是整个销售与收款循环的起点。订单管理部门，应区分现销和赊销，只有在符合企业管理层授权标准的情况下，才能接受赊销订单。企业管理层一般都列出已准予赊销的顾客名单。销售部门在决定是否同意接受某顾客的订单之前，应追查该顾客是否已被列入该名单中。如果该顾客未列入，则通常需要销售管理部门的主管来决定是否同意销售。

（2）批准赊销。信用批准是由企业信用管理部门根据管理层的赊销政策和对每个顾客已授权的信用额度来进行的。信用管理部门收到销售部门的销售单后，应将销售单的金额同该顾客已授权的赊销信用额度扣除其迄今尚欠账款余额后的差额进行比较，以决定是否继续给予赊销。执行赊销信用检查时，应合理划分工作职责，以避免销售人员为增加销售业绩而使企业承受不适当的信用风险。

此外，企业应对每个新顾客进行信用调查，包括获取信用评审机构对顾客信用等级的评定报告。无论是否批准赊销，信用管理部门都要在销售单上签署意见，然后再将签署意见后的销售单送回销售部门。

（3）供货发运。仓库人员根据收到经过审核批准的销售单时，才能发货。这一控制程序的目的是为了防止仓库在未经授权的情况下擅自发货。因此已批准销售单其中一联送达仓库，作为仓库按销售单供货和发货给装运部门的授权依据，并编制发货凭证（如提货单、出库单）。装运部门的职员应在授权的情况下装运产品，使企业按销售单装运与按销售单供货的职责则相分离。装运部门职员在装运之前，还必须进行独立验证，以确定从仓库提取的商品都附有已批准的销售单，并且所装运的商品与销售单相符，同时填制发运凭证。

（4）开具发票。会计部门将顾客订单、销售单、提货单、发运单等凭证核对无误后，向顾客寄送事先连续编号的销售发票。这一环节是为了保证对所有装运的货物开具账单，避免遗漏；保证只对实际装运的货物开具账单，避免重复开具账单或虚构交易；保证按已授权批准的商品价目表所列价格开具账单。具体地，为了避免在开具发票过程中出现遗漏、重复、错误计价等问题，企业应设计和实施以下控制程序：

1）在开具每张销售发票之前，开具发票部门的职员应独立检查是否存在装运凭证，是否有相应的经批准的销售单。

2）应依据已授权批准的商品价目表开具销售发票。

3）独立检查销售发票计价和计算的正确性。

4）将提货单上的商品总数与相应的销售发票上的商品总数进行比较。

（5）记录销售业务。会计部门开出销售发票后，应及时编制记账凭证，并及时记入相应的应收账款、主营业务收入、库存商品等有关账户的总账与明细账。记录销售业务的控制程序应包括以下内容：

1）依据有效提货单和销售发票记录销售业务。这些提货单和发票应能证明销货交易的发生及其发生日期。

2）控制所有事先连续编号的销售发票。

3）独立检查已处理的销售发票上的销售金额与会计记录的金额的一致性。

4）不相容职务分离。记录销售业务的职责应与处理销售交易的职责相分离。

5）对记录过程中所涉及的有关记录的接触予以限制，以减少未经授权批准的记录发生。

6）定期独立检查应收账款明细账与总账的一致性。

7）定期向顾客寄送对账单，并要求顾客将任何例外情况直接向指定的未涉及执行或记录销售交易的会计主管报告。

（6）办理和记录库存现金、银行存款收入。办理和记录库存现金和银行存款收入时，最重要的是保证全部货币资金如数、及时地记入现金、银行存款日记账，并如数地将现金存入银行，其中起到关键控制作用的是收款通知单。

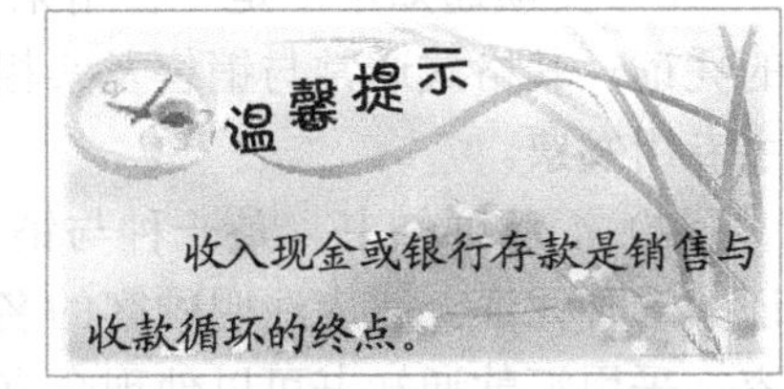

（7）办理和记录销货退回、销货折扣与折让。在办理和记录销货退回、销货折扣与折让时，必须经过授权批准，并应确保与办理此业务有关的部门和职员各司其职，分别控制实物流和会计处理，严格使用贷项通知单会起到关键作用。

（8）注销坏账和提取坏账准备。对确实无法收回的应收账款，经批准后，可以作为坏账注销。对已冲销的应收账款，应在备查簿上登记，以便冲销的应收账款以后又收回时能够及时进行会计处理。年末，应根据应收账款余额、账龄或本期销售收入来分析确定本期应计提坏账准备的数额，其计提方法应前后各期保持一致。

销售与收款循环的业务内容如图 6-1 所示。

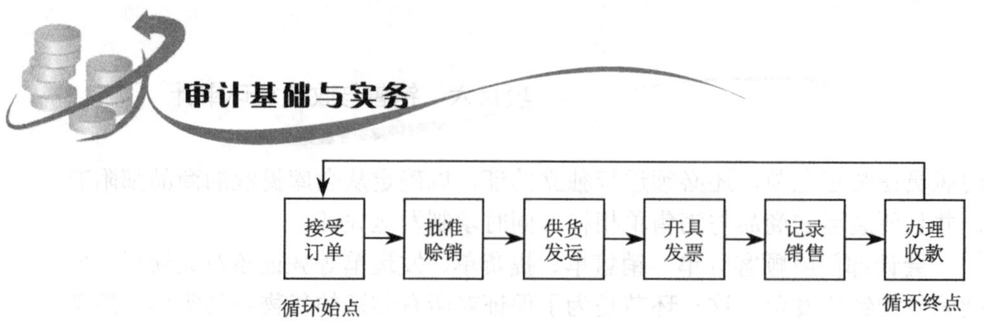

图 6-1 销售与收款业务循环

2. 销售与收款循环的主要凭证和会计记录

在内部控制系统比较健全的企业，处理销售与收款业务通常会使用到很多凭证和会计记录。典型的销售与收款循环所涉及的主要凭证和会计记录有以下几种。

（1）原始凭证类。销售与收款循环涉及的主要原始凭证包括以下几种：

1）顾客订单，是顾客提出的书面购货要求，是整个销售与收款循环的起点。企业可以通过营销人员和其他途径，如通过电话、信函、传真机、计算机网络等向现有的及潜在的顾客发送订货单，取得顾客订单。

2）销售单，是由销售部门根据顾客订单填写的，记录顾客所订购商品的名称、规格、数量以及其他与顾客订货有关资料的凭证，通常作为销售方内部处理顾客订单的依据。销售单通常一式三联，由仓库、销售部门和财会部门分别保留。

3）发运凭证，是在发运货物时填写的，用以反映发出货物的名称、规格、数量和其他有关内容的凭证。发运凭证通常一式三联，第一联交给顾客，第二联由会计部门保留，第三联由仓库保存。发运凭证可以作为向顾客开票收款的依据。

4）销售发票，是由会计人员根据销售单的第一联和发运凭证的第二联填写的，用来表明已销商品的规格、数量、销售金额、开票日期、付款条件等内容的凭证。销售发票通常一式四联，第一联、第二联交给顾客，第三联、第四联由会计部门保留，并作为登记销售业务的基本凭证。

5）商品价目表，是列示已经授权批准的、可供销售的各种商品的价格清单。

6）贷项通知单，是一种用来表示由于销货退回或经批准的折让而引起的应收账款减少的凭证，其格式通常与销售发票相同，只不过是用来反映应收账款减少业务的凭证，例如红字专用发票。

7）汇款通知书，是一种与销售发票一起交给顾客，由顾客付款时再寄回销货单位的凭证。这种凭证一般应注明顾客的名称、销售发票号码、销货单位开户银行账号以及金额等内容。采用汇款通知书可以使现金立即存入银行，可以加强对资产保管的控制。

8）坏账审批表，是一种批准将某些应收账款注明为坏账的，仅在企业内部使用的凭证。

9）月末对账单，是一种定期寄给顾客，用于购销双方定期核对账目的凭证。对账单应注明应收账款的月初余额、本月各项销售业务的金额、本月已经收到的货款、贷项通知单的数额以及月末余额等内容。

（2）记账凭证类。销售与收款循环涉及的记账凭证主要包括收款凭证和转账凭证。

（3）日记账和明细账类。销售与收款循环涉及的主要日记账包括现金日记账、银行存款日记账；明细账主要包括应收账款明细账、应收票据明细账、主营业务收入明细账、销售费用明细账等。

（4）总账类。销售与收款循环涉及的主要总账包括库存现金、银行存款、应收账款、应收票据、主营业务收入、其他业务收入、营业税金及附加、销售费用等。

任务二　理解销售与收款循环的内部控制及测试

任务要求

1. 了解销售与收款循环的内部控制制度
2. 掌握销售与收款内部控制的测试方法

知识储备

完善的销售收款业务应设置哪些控制制度？

一、销售与收款循环的内部控制

1. 适当的职责分离

为了确保办理销售业务的不相容岗位相互分离、相互制约和相互监督，企业销售业务的相关职责适当分离的基本要求包括以下几个方面：

（1）企业应当将办理销售、发货、收款三项业务的部门（或岗位）分别设立。

（2）企业在销售合同订立前，应当指定专门人员就销售价格、信用政策、发货及收款方式等具体事项与客户进行谈判，谈判人员至少应有两人以上，并与订立合同的人员相分离。

（3）编制销售发票通知单的人员与开具销售发票的人员应相互分离。

（4）销售人员应当避免接触销货现款。

（5）企业应收票据的取得和贴现必须经由保管票据以外的主管人员的书面批准。

2. 正确的授权审批

对于授权审批问题，审计人员应当关注以下四个关键点上的审批程序：

（1）在销售发生之前，赊销已经正确审批。

（2）非经正当的审批，不得发出货物。

（3）销售价格、销售条件、运费、折扣等必须经过审批。

（4）审批人应当根据销售与收款授权批准制度的规定，在授权范围内进行审批，不得超越审批权限。

对于超过企业既定销售政策和信用政策规定范围的特殊销售交易，应当进行集体决策。前两项控制的目的在于防止企业因向虚构的或者无力支付货款的顾客发货而遭受损失；价格审批控制的目的在于保证销售交易按照企业定价政策规定的价格开票收款；对授权审批范围

设定权限的目的则在于防止因审批人决策失误而造成严重损失。

3. 充分的凭证和记录

企业交易的产生、业务的处理和有关记录等制度都有其特点，因此，很难评价其各项控制是否足以发挥最大的作用。然而，只有具备充分的记录手续，才有可能实现各项控制目标。例如，有的企业在收到顾客订货单后，就立即编制一份预先编号的一式多联的销售单，分别用于批准赊销、审批发货、记录发货数量以及向顾客开具账单等。在这种制度下，只要定期清点销售发票，漏开账单的情形就不太会发生。相反的情况是，有的企业只在发货以后才开具账单，如果没有其他控制措施，这种制度下漏开账单的情况就很可能会发生。

4. 凭证的预先编号

对凭证预先进行编号，目的是防止销售部门以后忘记向顾客开具账单或登记入账，也可防止重复开具账单或重复记账。当然，如果对凭证的编号不作清点，预先编号就会失去其控制意义。由收款员对每笔销售业务开具账单后，将发运凭证按顺序归档，而由另一位职员定期检查全部凭证的编号，并调查凭证缺号的原因，就是实施这项控制的一种方法。

5. 按月寄出对账单

由不负责现金收付、销售及应收账款记账的人员按月向顾客寄发对账单，能促使顾客在发现应付账款余额不正确后及时反馈有关信息，因而这是一项有用的控制。为了使这项控制更加有效，最好将账户余额中出现的所有核对不符的账项，指定一位不负责货币资金也不登记主营业务收入和应收账款账目的会计人员处理。

6. 内部核查程序

由内部审计人员或其他独立人员核查销售和收款交易的处理和记录，是实现内部控制目标所不可缺少的一项控制措施。

二、销售与收款循环的控制测试

（1）审计人员抽取一定数量的销售发票，作如下检查：

1）检查发票是否连续编号。

2）核对销售发票与销售单、提货单，检查是否虚开发票；同时核对所载明的品名、规格、数量、价格是否一致。

3）检查销售单上是否有负责信用审批人员的签字。

4）复核销售发票中所列的数量、单价和金额是否正确。

5）从销售发票追查至有关的记账凭证、应收账款明细账，确定企业是否正确及时地登记有关凭证和账簿。

（2）从主营业务收入明细账中，抽取一定数量的会计记录，并与有关的记账凭证、销售发票进行核对，检验已发出的商品是否均已向客户开出发票。

（3）抽取一定数量的销售退回、折让业务的会计凭证，检查销售退回、折让的核算是否正确。

（4）观察企业员工获得或接触资产、凭证和记录的途径，并观察企业员工在执行授权、发货、开票等职责时的表现，确定职责分离等内部控制是否有效执行。

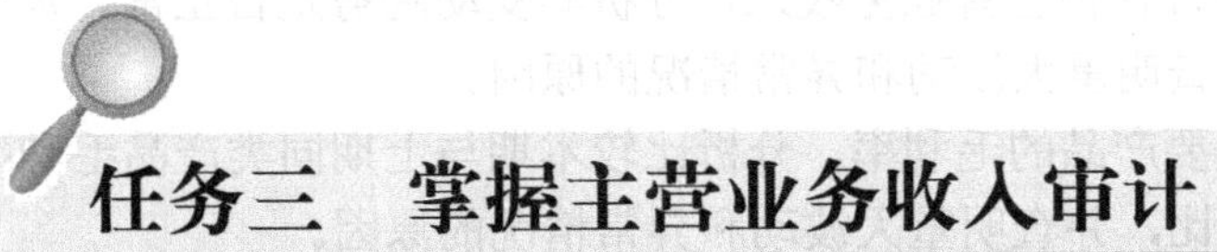

任务三　掌握主营业务收入审计

任务要求

1. 了解主营业务收入的内部控制制度
2. 掌握主营业务收入的实质性测试
3. 理解主营业务收入确认的条件
4. 掌握主营业务收入的账项调整

知识储备

审计人员对某企业2011年销售收入明细表进行分析时发现，2011年11月和12月的主营业务收入明显偏低，在当年各月产销情况大体相当的情况下，可能揭示什么问题？

一、主营业务收入的审计目标

主营业务收入是企业因销售商品或提供劳务等日常经营活动取得的收入，其审计目标一般包括以下几个方面：

（1）利润表中记录的营业收入中的主营业务收入是否已经发生，且与被审计单位有关。

（2）确定所有应当记录的主营业务收入是否均已记录。

（3）确定与主营业务收入有关的金额及其他数据是否均已恰当记录，包括对销售退回、销售折扣与折让的处理是否适当。

（4）确定主营业务收入是否已记录于正确的会计期间。

（5）确定主营业务收入是否在财务报表中作出恰当的列报。

二、主营业务收入的实质性审计程序

1. 分析主营业务收入的变动情况

获取或编制主营业务收入项目明细表，复核加计正确，并与报表数、总账数和明细账合计数核对相符，然后检查主营业务收入是否有异常变动和重大波动，从而在总体上对主营业务收入的真实性作出初步判断。通常从以下方面进行比较分析：

（1）将本期与上期主营业务收入进行比较，分析产品销售的结构和价格变动是否正常，并分析异常变动的原因。

（2）比较本期各月各种主营业务收入，分析其变动趋势是否正常，是否符合季节性、周期性的经营规律，并查明重大波动和异常情况的原因。

（3）计算本期重要产品的毛利率，分析比较本期与上期同类产品毛利率的变化情况，注意收入与成本是否配比，并查明重大波动和异常情况的原因。

【例 6-1】审计人员在对远帆公司 2011 年主营业务收入进行审计时，取得了各月主营业务收入明细表，见表 6-2。

表 6-2　远帆公司 2011 年主营业务收入明细表

月　份	销售收入/万元			销售收入（%）
	甲产品	乙产品	合计	
1	150	130	280	8.36
2	145	140	285	8.51
3	165	125	290	8.66
4	172	137	309	9.22
5	180	135	315	9.41
6	183	142	325	9.70
7	191	150	341	10.12
8	185	148	333	9.95
9	188	150	338	10.09
10	178	148	326	9.73
11	62	45	107	3.19
12	49	52	101	3.06
合　计	1 848	1 502	3 350	100

分析上述资料，提出审计意见。

分析：审计人员通过对远帆公司 2011 年主营业务收入明细表进行分析复核，发现当年前 10 个月中销售收入比较平稳，但 11 月和 12 月销售收入明显偏低，分别占全年收入的 3.19% 和 3.06%。这种现象揭示远帆公司可能在 11 月和 12 月存在少计或隐瞒收入的现象。

2. 审查主营业务收入确认的正确性

（1）同时满足下列条件时，企业的商品销售收入才能予以确认：

1）企业已将商品所有权的主要风险和报酬转移给购货方。

2）企业既没有保留通常与商品所有权相联系的继续管理权，也没有对已售出的商品实施控制。

3）收入的金额能够可靠地计量。

4）相关的经济利益很可能流入企业。

5）相关的已发生或将发生的成本能够可靠地计量。

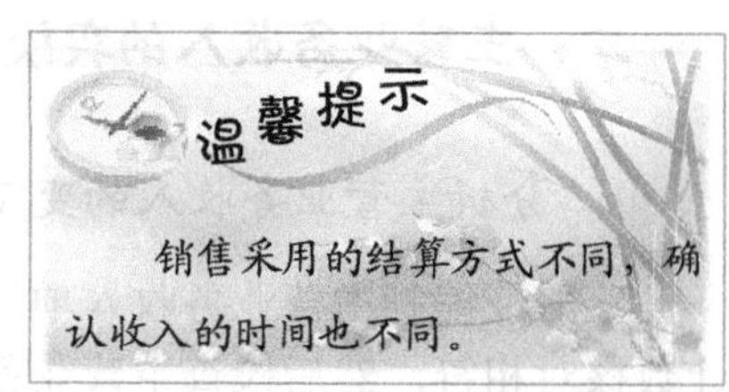

（2）审查主营业务收入确认时，应注意不同结算方式下，收入的确认时间不同。

1）采用交款提货销售方式，应于货款已经收到或取得收取货款的权力，同时已将发票账单和提货单交给买方时确认收入实现。应重点审查企业是否收到货款或取得收取货款的权力，是否已经将发票账单和提货单交付对方；有无扣压结算凭证将当年收入转到下年入账，或开假发票虚增当年收入并在下年予以冲销的现象。

2）采用预收账款销售方式，应于商品已经发出时，确认收入的实现。应重点审查企业是否收到了货款，商品是否已经发出，有无将已收货款不入账转为下年收入，或开具假出库凭证，虚增收入的现象。

3）采用托收承付结算方式，应于商品已经发出，劳务已经提供，并已将发票账单提交银行，办妥托收手续时确认收入实现。应重点审查企业是否已经发货，发货运单是否真实，托收手续是否办妥，托收承付结算回单是否正确。

4）委托其他单位代销商品时，如果代销单位采用视同买断方式，应于代销商品已经销售，并收到代销清单时，按企业与代销单位确定的协议价确定收入实现。应重点审查有无商品未销售，编制虚假代销清单，虚增本期收入的现象。如果代销单位采用收取手续费方式，应在代销单位将商品销售，企业已收到代销单位的代销清单时确认收入实现。

5）采用分期收款销售结算方式，应按合同约定的收款日期确认收入。应重点审查本期是否收到价款，合同约定的本期应收款日期是否真实，是否存在收入不入账、少入账或缓入账的现象。

6）长期工程合同收入，一般应当根据完工百分比法确认收入。应重点审查收入的计算和确认方法是否合规，并核对应计收入与实际收入是否一致，注意查明有无随意确认收入，虚增或虚减本期收入的现象。

3. 审查主营业务收入计价合规性与合理性

审计人员应首先向企业索取产品价格目录，等级品、等外品的计价办法，并抽取一部分发票及主营业务收入明细账，检查其售价是否符合价格政策。审查时，应特别注意以下几个问题：

（1）检查企业是否遵守定价权限的规定，销售价格是否符合产品定价规定，实际执行是否与价格目录相符。

（2）检查企业执行浮动价格的产品的浮动幅度是否合理，所发生的销售折让与折扣是否按规定程序审批，并按规定入账。

（3）检查企业是否利用登记产品差价，等内、等外产品差价，将一等品作为二等品、等内品充作等外品，低价将产品分给企业职工，有无以次充好、任意提价、牟取暴利的情况。

（4）检查企业是否利用紧俏商品，套购物资或以物易物，是否有低价结算、低估收入或漏记收入的情况。

4. 主营业务收入的截止测试

（1）对主营业务收入实施截止测试，其目的主要是为了确定企业主营业务收入的会计记录归属期是否正确，应计入本期或下期的主营业务收入是否被推延至下期回提前至本期。

（2）审计中，应注意把握三个与主营业务收入确认有密切关系的日期：

1）发票开具日期或收款日期。发票开具日期是指开具增值税专用发票或普通发票的日期。

2）记账日期，是指企业确认主营业务收入实现，并将该笔经济业务记入主营业务收入账户的日期。

3）发货日期，是指仓库开具出库单，发出库存商品的日期。

检查三者是否归属于同一适当会计期间，是主营业务收入截止测试的关键所在。

（3）围绕上述三个日期，可以考虑选择三条审计路线实施主营业务收入的截止测试。

1）以账簿记录为起点。从报表日前后若干天的账簿记录查至记账凭证，检查发票存根与发运凭证，目的是为了证实已入账的收入是否在同一期间已开具发票并发货，有无多计收入。这种方法的优点是比较直观，容易追查至相关凭证记录，以确定其是否应在本期确认收入，特别是在连续审计两个以上会计期间时，检查跨期收入十分便捷，可以提高审计效率；缺点是缺乏全面性和连贯性，只能查多计，无法查漏计，尤其是当本期漏计收入延至下期，而审计时被审计单位尚未及时登账时，不易发现应计入而未计入报告期收入的情况。因此，使用这种方法主要是为了防止多计收入。

2）以销售发票为起点。具体做法是抽取若干张在报表日前后若干天开具的销售发票的存根，追查至发运凭证和账簿记录，查明有无漏计收入现象。这种方法的优点是审查较全面、连贯，容易发现漏计的收入；缺点是较费时费力，有时难以查找相应的发货及账簿记录，而且不易发现多计的收入。使用该方法时应注意两点：①相应的发运凭证是否齐全，特别应注意有无报告期内已作收入而下期初用红字冲回，并且无发货、收货记录，以此来调节前后期利润的情况；②被审计单位的发票存根是否已全部提供，有无隐瞒，为此，应查看被审计单位的发票领购簿，尤其应关注普通发票的领购和使用情况。使用这种方法主要是为了防止少计收入。

3）以发运凭证为起点。从报表日前后若干天的发运凭证查至发票开具情况与账簿记录，确定主营业务收入是否已计入恰当的会计期间。该方法的优缺点与方法二类似，具体操作中还应考虑被审计单位的会计政策才能作出恰当的处理。因此，使用这种方法主要也是为了防止少计收入。

上述三条审计路线在审计实务中均被广泛采用。它们并不是孤立的，审计人员可以考虑在同一被审计单位财务报表审计中并用这三条路线，甚至可以在同一主营业务收入科目审计中并用。实际上，由于被审计单位的具体情况各异，管理层意图各不相同，有的企业为了想办法完成利润目标、承包指标，更多地享受税收等优惠政策，便于筹资等目的，可能会多计收入；有的企业则为了以丰补欠、留有余地、推迟缴税时间等目的而少计收入。因此，为提高审计效率，审计人员应当凭借专业经验和所掌握的信息、资料作出正确判断，选择其中的一条或两条审计路线实施更有效的收入截止测试。

5. 审查主营业务收入会计处理的恰当性

按照会计制度规定，企业实现的销售收入应设置“主营业务收入”账户，并按照产品的类别设置明细账户，进行明细核算。

（1）抽取一定数量的销售发票，进行从原始凭证到记账凭证、主营业务收入明细账的全过程审查，核实记录、过账、加总是否正确。

（2）将抽取的主营业务收入明细账与应收账款明细账、库存现金日记账或银行存款日记账、库存商品明细账相核对，进一步确定发货日期、销售数量、品名、单价、金额等是否相符。

6. 销售折扣与折让的实质性测试

企业在销售过程中，往往会因为产品品种、质量不符合要求以及结算方面的原因发生销售折扣、销售退回与销售折让业务。尽管引起销售折扣、销售退回与销售折让的原因及其表现形式不尽相同，但都会对收入抵减，直接影响收入的确认和计量。审计人员应按以下程序进行审查：

（1）获取或编制折扣与折让明细表，复核加计正确无误后，与明细账合计数核对相符。

（2）取得被审计单位有关折扣与折让的具体规定和其他文件资料，并抽查较大的折扣与折让发生额的授权批准情况，与实际执行情况相核对，检查其是否经过授权批准，是否合法、真实。

（3）检查销售退回的产品是否验收入库并登记入账，是否存在形成账外物资的情况；销售折扣与折让是否及时足额提交对方，有无转移收入、私设小金库的情况。

（4）检查折扣与折让的会计处理是否正确。

7. 营业收入审计

结合其他业务收入审计，确定营业收入（包括主营业务收入和其他业务收入）在利润表中是否恰当披露。

【例 6-2】审计人员对 A 单位审计时发现如下业务：

（1）在建工程领用本企业生产的甲产品 60 件，单位售价 1 000 元，价款共计 60 000 元，单位成本为 900 元，该单位的增值税税率为 17%。会计处理为：

借：在建工程	70 200	
贷：主营业务收入		60 000
应交税费——应交增值税（进项税额）		10 200

（2）销售自制半成品一批，售价 80 000 元，增值税 13 600 元，该批半成品的生产成本为 73 000 元。会计处理为：

借：银行存款	73 000	
贷：生产成本		73 000

（3）预收某单位货款 50 000 元，存入银行。会计处理为：

借：银行存款	50 000	
贷：主营业务收入		50 000

请根据资料分析上述业务，指出存在的问题，并提出处理意见。

分析：

（1）在建工程领用本企业产品，应视同销售计算应交增值税，但其价款不通过“主营业务收入”账户核算，而是通过“库存商品”账户直接核算产品成本。此业务虚增了主营业务收入，应编制更正会计分录：

借：主营业务收入	60 000	
贷：库存商品		54 000
在建工程		6 000

（2）企业销售自制半成品是销售业务，应通过“主营业务收入”账户核算，此业务虚减了“主营业务收入”，应予以调整，编制会计凭证如下：

借：银行存款	20 600	
主营业务成本	73 000	
贷：主营业务收入		80 000
应交税费——应交增值税（进项税额）		13 600

(3) 企业采用预收货款方式销售产品时，应按照销售确认条件，在发出产品时确认收入实现，不应在收到预收货款时确认收入，编制会计分录如下：

借：主营业务收入 50 000

  贷：预收账款 50 000

【例 6-3】审计人员于红在 2012 年 2 月对宏图公司 2011 年销售业务进行审计时发现，该公司于 12 月 28 日销售给异地扬帆公司的甲产品 500 件，单价 500 元，售价共计 250 000 元，商品已于 12 月 28 日发出，并办托了托收承付手续。但该公司尚未作为主营业务收入和应收账款入账。甲产品的单位成本为 420 元，增值税税率为 17%，企业所得税税率为 25%，法定盈余公积的提取比例为 10%。

请根据以上资料分析上述业务，指出存在的问题，提出处理意见。

分析：

审计人员于红首先审查了销售合同、发货运单和银行托收凭证，证实宏图公司已经全面履行了合同，并向银行办妥了托收手续，认定宏图公司的商品销售收入已经实现，然后又审阅了该公司的主营业务收入明细账、应收账款明细账和应交税费明细账，证实此项业务未作任何账务处理。经询问会计人员，属年终繁忙遗漏所致。

审计人员于红建议宏图公司调整有关账簿记录。相关会计分录如下：

(1) 补记收入和应交增值税：

借：应收账款 292 500

  贷：以前年度损益调整 250 000

    应交税费——应交增值税（销项税额） 42 500

(2) 补转已售商品成本：

借：以前年度损益调整 210 000

  贷：库存商品 210 000

(3) 补记应交企业所得税：

借：以前年度损益调整 10 000

  贷：应交税费——应交企业所得税 10 000

(4) 补提法定盈余公积：

借：以前年度损益调整 30 000

  贷：盈余公积——法定盈余公积 3 000

    利润分配——未分配利润 27 000

任务四 掌握应收账款审计

任务要求

1. 了解应收账款的审计目标
2. 理解应收账进行实质性测试方法
3. 掌握应收账款的函证

审计人员如何确定一个企业应收账款的真实性？

一、应收账款的审计目标

应收账款的审计目标一般包括以下几个方面：

（1）确定应收账款是否存在。

（2）确定应收账款是否归属于被审计单位所有。

（3）确定应收账款增减变动的记录是否完整。

（4）确定应收账款和坏账准备的余额是否正确。

（5）确定应收账款和坏账准备在财务报表上的披露是否恰当。

二、应收账款实质性审计程序

1. 获取或编制应收账款明细表

审计人员在对应收账款进行审计时，应首先获取或编制应收账款明细表，复核加计正确无误后，与总账数和明细账合计数核对相符；结合坏账准备科目与报表数核对相符。

2. 编制应收账款账龄分析表，了解应收账款的可收回性

应收账款账龄是指应收账款从销售实现、产生应收账款之日起，至资产负债表日止所经历的时间。编制应收账款账龄分析表时，可以选择重要的客户及其余额列示，不重要的或余额较小的，可以汇总列示。审计人员可以通过应收账款账龄分析表，了解应收账款的可收回性，验证坏账准备计提的合理性，确定应收账款的函证范围和对象。应收账款账龄分析表，见表 6-3。

表 6-3　应收账款账龄分析表

年　月　日　　　　　　　　　　　　　　（单位：元）

顾客名称	期末余额	账龄			
		一年以内	1～2 年	2～3 年	3 年以上
合　计					

3. 向债务人函证应收账款

应收账款的询证函由审计人员利用被审计单位提供的应收账款明细账户名称及客户地址等资料予以编制。目的是为证实应收账款账户余额的真实性、正确性，防止或发现被审计单位及有关人员在销售业务中发生差错或弄虚作假、营私舞弊行为。应收账款的询证函，由

审计人员直接从被审计单位以外的第三方获取，属于外部证据，具有较强的证明力。因此，函证是应收账款审计的必要程序。

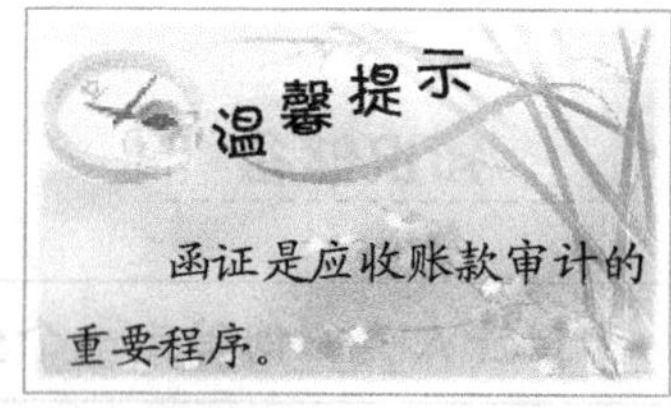

（1）函证的范围。审计人员如果采用审计抽样的方式确定函证程序的范围，选取的样本应当足以代表总体。根据对被审计单位的了解、评估的重大错报风险以及所测试的总体特征等，审计人员可以确定从整体中选定的特定项目进行测试。选取的特定项目可能包括以下内容：金额较大的项目，账龄较长的项目，期末余额较小但交易频繁的项目，重大或异常的交易，可能存在争议以及产生重大舞弊或错误的交易。

（2）函证的时间。审计人员通常以资产负债表日为截止日，在适当时间内对资产负债表的应收账款余额实施函证，并同时考虑对方复函的时间，尽可能做到在审计工作结束前取得函证的全部资料。如果在资产负债表日之前对应收账款余额实施函证程序，审计人员应当针对询证函件指明的截止日期与资产负债表日期间实施进一步的实质性程序。

（3）函证方式。函证方式分为积极式函证和消极式函证两种。不同的函证方式，提供审计证据的可靠性不同。

1）积极式函证，又称正面函证、肯定式函证，是指向债务人发出询证函，要求被询证者在所有情况下，必须回函，确认询证函所列信息是否正确或填列询证函要求的信息。

当债务人符合下列情况时，采用积极式询证函较好：①个别账户的欠款金额较大；②有理由相信欠款可能会存在争议、差错等问题。积极式询证函的格式见表 6-4。

表 6-4 积极式询证函

××（公司）

本公司聘请的××会计师事务所正在对本公司××年度账务财务报表进行审计，按照中国注册会计师执业准则的要求，应当询证本公司与贵公司往来账项等事项。下列数据出自本公司账簿记录，如与贵公司记录相符，请在本函下端“信息证明无误”处签章证明；如有不符，请在“信息不符”处列明不符金额。回函证直接寄至××会计师事务所。

通信地址：

邮编：　　电话：　　传真：　　联系人：

1．本公司与贵公司的往来账项列示如下：

截止日期	贵公司欠	欠贵公司	备注

2．其他事项

本函仅为复核账目之用，并非催款结算。若款项在上述日期之后已经付清，仍请及时函复为盼。

（公司盖章）

年　月　日

结论：

1．信息证明无误。

（公司盖章）

年　月　日

经办人：

2．信息不符，请列明不符的详细情况。

（公司盖章）

年　月　日

经办人：

2）消极式函证，又称反面函证、否定式函证，是指向债务人发出询证函，但只要求他们在不同意函证的余额时才予以回函。采用消极式询证函方式，如果收到回函，能够为财务报表认定提供说服力强的审计证据。未收到回函也有可能是因为被询证者根本没有收到询证函，而不是因为被询证者已收到询证函核对无误。

当债务人符合以下所有条件时，可以采用消极式函证：①相关的内部控制是有效的；②预计差错率较低；③欠款金额小的债务人数量很多；④审计人员有理由确信大多数被函证者能认真对待询证函，并对不正确的情况予以反馈。消极式询证函的格式，见表6-5。

表6-5　消极式询证函

××（公司）

本公司聘请的××会计师事务所正在对本公司××年度账务财务报表进行审计，按照《中国注册会计师执业准则》的要求，应当询证本公司与贵公司往来账项等事项。下列数据出自本公司账簿记录，如与贵公司记录相符，则无需回复；如有不符，请在直接通知会计师事务所，并请在空白处列明贵公司认为是正确的信息。回函请直接寄至××会计师事务所。

通信地址：

邮编：　　　　　电话：　　　　　传真：　　　　　联系人：

1．本公司与贵公司的往来账项列示如下：

截止日期	贵公司欠	欠贵公司	备注

2．其他事项

本函仅为复核账目之用，并非催款结算。若款项在上述日期之后已经付清，仍请及时核对为盼。

（公司盖章）

年　月　日

××会计师事务所：

上面信息不正确，差异如下：

（公司盖章）

年　月　日

经办人：

（4）函证的控制。审计人员应直接控制询证函的发送和回收，对于无法投递而退回的询证函要进行分析，查明是由于被函证者地址迁移还是这笔应收账款本来就是一笔假账。对于积极式函证方式没有得到复函的，应采用追查程序，一般来说应第二次甚至第三次发送询证函。如果仍得不到答复，审计人员应考虑必要的替代审计程序，例如检查与销售有关的文件，包括销售合同、销售订单、销售发票存根及发运凭证等，以验证这些应收账款的真实性。

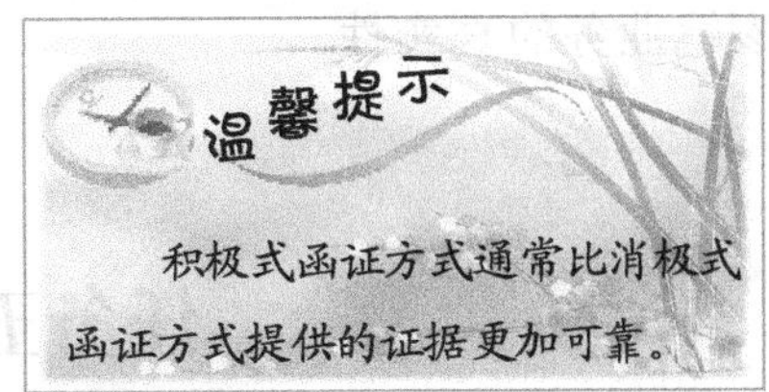

（5）函证结果的分析。审计人员收回询证函后，应对函证结果进行分析。一般情况下，函证结果有两种：①审计人员认为函证结果得到了对方的确认，正确可靠；②审计人员认为函证结果有差异，需要进一步核实。对于回函所确认的差异，审计人员应认真分析，查明原因，作出记录或适当调整，必要时应与债务人直接联系，进一步核实。产生差异的主要原因有购销双方存在未达账项；购销一方或双方存在记账差错或舞弊行为。

【例 6-4】审计人员对 A 公司应收账款进行审计时，了解到该公司年末应收账款有 86 个明细账户，余额共计 1 000 万元，总资产 3 200 万元。2011 年审计中发现函证差异较大，有关内部控制也不够健全，而且 2011 年虽提交了管理建议书，但 A 公司并没改进和完善内部控制。A 公司当年的应收账款明细账中的部分资料，见表 6-6。

表 6-6　A 公司部分应收账款资料

单位名称	期末余额/万元	账　龄
东方公司	120	3 个月
锦阳公司	60	2 年 10 个月
利源公司	3	2 个月

根据以上资料，请回答：

（1）对应收账款进行函证有两种方案：一是函证 50 个单位，一是函证 10 个单位，应该选哪个？

（2）对表 6-6 中的三个客户分别应采用何种函证方式较为合适？为什么？

分析：

（1）应选择 50 个单位进行函证为宜。因为 A 公司应收账款在全部资产中所占比重较大（占 31%），而且上年函证差异较大，该公司的内部控制制度也不够健全，应收账款发生差错或存在舞弊的可能性较大，因此函证的范围应大一些。

（2）对东方公司应采用积极函证方式，因为东方公司欠款金额较大；对锦阳公司应采用积极函证方式，因为其欠款金额较大、账龄较长；对利源公司应采用消极式函证方式，因为其欠款金额较小、账龄较短。

【例 6-5】接上例，如果锦阳公司回函表示该笔款项已于 2011 年 12 月 22 日付讫。请分析 A 公司账上还有 60 万元余额的原因是什么？审计人员该如何处理？

分析：

如果锦阳公司回函表示该款已于 2011 年 12 月 22 日付讫，而 A 公司账上还有 60 万元余额的原因主要有两个：一是可能存在记账错误；二是可能存在弄虚作假或舞弊行为。

对此，审计人员应检查 2011 年 12 月 22 日以后的银行存款日记账和银行对账单记录，查明函证差异 60 万元差异的真正原因，必要时可追查该笔业务的原始凭证，查明该笔业务的真实性。

任务五　掌握坏账准备审计

任务要求

1. 了解坏账准备的审计目标
2. 理解坏账准备的实质性测试程序

3. 掌握坏账准备计提业务差错的调整方法

知识储备

坏账准备计提错误该如何调整？

一、坏账准备的审计目标

（1）确定计提坏账准备的方法和比例是否恰当，计提是否充分。

（2）确定坏账准备增减变动的记录是否完整。

（3）确定坏账准备期末余额是否正确。

（4）确定坏账准备的披露是否恰当。

二、坏账准备的实质性审计程序

1. 核对坏账准备报表数与总账数、明细账数是否相符

审计人员应首先核对坏账准备的财务报表数与坏账准备总账、明细账的余额是否相符；如果不符，应查明原因，编制审计记录并提出必要的审计调整建议。

2. 审查坏账准备的计提方法和计提比例是否恰当

审计人员主要应查明坏账准备的计提方法和比例是否符合会计制度规定，计提的数额是否恰当，会计处理是否正确，计提坏账准备的方法前后各期是否一致。

知识链接

按照会计制度的规定，企业只能用备抵法核算坏账损失。计提坏账准备的方法由企业自行确定，可以按应收账款余额百分比法、账龄分析法、赊销百分比法等计提坏账准备。在确定坏账准备的计提比例时，企业应根据以往的经验、债务单位的实际财务状况和现金流量等情况，合理地进行估计。

3. 审查坏账损失的确认是否符合规定

对于被审计期间发生的坏账损失，审计人员应检查发生坏账的原因是否符合确认坏账的条件，有无授权批准，有无已作为坏账损失处理又重新收回的应收账款，相应的会计处理是否正确。

4. 审查长期挂账的应收账款

审计人员应审查应收账款明细账及相关的原始凭证，查找有无资产负债表日后仍未收回的长期挂账的应收账款；如有，应提请被审计单位作出适当处理。

5. 审查函证结果

对债务人回函中反映的例外事项及存在争执的余额，审计人员应查明原因并作记录。必要时，应建议被审计单位作相应的调整。

6. 执行分析性复核程序

通过计算坏账准备余额占应收账款余额的比例，并和以前期间的相关比例核对，检查分析其重大差异，以发现有重要问题的审计领域。

7. 确定坏账准备是否已在资产负债表上恰当披露

企业应在年度资产负债表附注中说明坏账损失的确认标准，以及坏账准备的计提方法和计提比例，并应区分应收账款和其他应收款项目，按账龄披露坏账准备的余额。

【例 6-6】审计人员在对 B 企业进行审计时发现，B 企业从 2010 年开始计提坏账准备，该年末应收账款的余额为 50 万元，提取坏账准备比例为 4‰，2011 年发生坏账损失 5 000 元，年末应收账款余额为 60 万元，企业各年有关坏账准备的账务处理如下：

（1）2010 年末，计提坏账准备时：

借：资产减值损失　　2 000

　　贷：坏账准备　　2 000

（2）2011 年发生坏账时：

借：管理费用　　5 000

　　贷：应收账款　　5 000

（3）2011 年计提坏账准备时：

借：资产减值损失　　2 400

　　贷：坏账准备　　2 400

请根据以上资料，验证 B 企业各年有关坏账准备的账务处理是否正确，并提出处理意见。

分析：B 企业 2010 年末计提坏账准备的会计分录是正确的。

（1）2011 年发生坏账时，应记入“坏账准备”账户的借方，而不应记入“管理费用”账户的借方，应编制调整分录如下：

借：坏账准备　　5 000

　　贷：以前年度损益调整　　5 000

（2）2011 年末计提坏账准备的金额应为 5400 元，B 企业在计提坏账准备时没有考虑计提前坏账准备账户的余额，应编制调整会计分录如下：

借：以前年度损益调整　　3 000

　　贷：坏账准备　　3 000

项目总结

销售与收款循环是指企业将产品提供给客户并收取价款的过程。该循环从客户提出订货要求开始，将商品转化为应收账款，并以收回现金结束。销售与收款循环业务的特性包括两方面：一是销售与收款循环中的业务活动；二是销售与收款循环涉及的主要凭证和会计记录。

销售与收款循环的内部控制主要是对职责分离、授权审批、凭证和记录、凭证的预先编号、按月寄出对账单和内部核查程序的控制。

主营业务收入实质性测试的内容包括：分析主营业务收入的变动情况；审查主营业务收入的确认时间和计价是否正确；审查与销售相关的凭证；审查主营业务收入的会计处理是否恰当；销售折扣与折让的实质性测试。

应收账款实质性测试的内容包括：获取或编制应收账款项目明细表；编制应收账款账龄分析表，了解应收账款的可收回性；函证应收账款。

坏账准备实质性测试的内容包括：核对坏账准备报表数与总账数、明细账数是否相符；审查坏账准备的计提方法和计提比例是否恰当；审查坏账损失的确认是否符合规定；执行分析性复核程序等。

本项目应重点掌握主营业务收入、应收账款的实质性测试程序。

项目七　筹资与投资循环审计

项目导航

学习目标

- 了解筹资与投资循环业务的概念及其特性
- 掌握长期借款的实质性审计程序
- 了解实收资本和盈余公积的实质性审计程序
- 理解投资业务审计的基本内容

具体任务

任务一　了解筹资与投资循环业务特性
任务二　理解筹资与投资循环的内部控制及测试
任务三　掌握借款的审计
任务四　了解所有者权益的审计
任务五　知悉投资的审计

任务一　了解筹资与投资循环业务特性

任务要求

1. 了解筹资活动与投资循环的概念及其特性
2. 理解筹资与投资循环的主要业务活动
3. 了解筹资与投资循环主要会计凭证和会计记录

知识储备

什么是筹资与投资循环？其业务特性是什么？

一、筹资与投资循环业务的概念与特性

1. 筹资与投资循环业务的概念

筹资与投资循环由筹资活动和投资活动过程中发生的交易和事项构成。筹资活动是指企业为满足生存和发展的需要，通过改变资本和债务的规模及构成而筹集资金的活动。筹资活动主要由借款交易和所有者权益交易构成。投资活动是指企业为通过分配来增加财富，或为谋求其他利益，将资产让渡给其他单位而获得另一项资产的活动。投资活动主要由权益性投资交易和债权性投资交易组成。从审计角度看，对筹资与投资的确认既影响到资产负债表项目，也影响到利润表项目。筹资与投资循环影响的账户见表 7-1。

表 7-1　筹资与投资环影响的账户

业务循环	资产负债表项目	利润表项目
筹资与投资	短期借款、长期借款、应付债券、交易性金融资产、长期股权投资、持有至到期投资、实收资本、盈余公积等	财务费用、投资收益等

2. 筹资与投资循环业务的特点

筹资与投资循环具有以下特点：

（1）审计年度内筹资与投资循环的交易数量较少，而每笔交易的金额较大。

（2）漏记或不恰当地对一笔业务进行会计处理，将会导致重大错误，从而对企业会计报表的公允反映有较大影响。

（3）筹资与投资循环交易必须遵守国家法律、法规和相关契约的规定。

二、筹资与投资循环业务的特性

筹资与投资循环业务特性主要包括两部分内容：一是该循环中的主要业务活动；二是该循环所涉及的主要凭证和会计记录。

1. 筹资与投资循环的主要业务活动

（1）筹资所涉及的主要业务活动。

1）审批授权：企业通过借款筹集资金需要经过管理层的审批，其中每次发行债券均要由董事会授权；发行股票必须依据国家有关法规或企业章程的规定，报经企业最高权力机构及国家有关部门的批准。

2）签订合同或协议：向银行或其他金融机构借款，需签订借款合同，发行债券或股票必须同证券公司签订债券或股票承销、包销合同或协议。

3）取得资金：企业实际取得银行或金融机构划入的款项或债券、股票的融入资金。

4）计算利息或股利：企业应按有关合同或协议的规定，及时计算利息或股利。

5）偿还本息或发放股利：对银行借款或发行债券应按照合同或协议的规定，偿还本金及利息；对融入的股本应根据股东大会的决定发放股利。

（2）投资所涉及的主要业务活动。

1）审批授权：投资业务应由企业的高层管理机构进行审批。

2）取得证券或其他投资：企业可以通过购买股票或债券进行投资，也可以通过与其他单位联营形成投资。

3）取得投资收益：企业可以取得股权投资的股利收入、债券投资的利息收入和其他投资收益。

4）转让证券或其他投资：企业可以通过转让证券实现投资的收回，其他投资如已经投出，除联营期满或由于其他特殊原因联营企业解散外，一般不得抽回投资。

2. 筹资与投资循环涉及的主要凭证和会计记录

（1）筹资活动涉及的主要凭证和会计记录。

1）债券，是公司依据法定程序发行，约定在一定期限内还本付息的有价证券。

2）股票，是公司签发的证明股东所持股份的凭证。

3）债券契约，是一张明确债券持有人与发行企业双方所拥有的权利与义务的法律性文件，其内容通常包括：①债券的发行标准；②债券的明确表述；③利息或利息率；④受托管理认证书；⑤登记和背书；⑥抵押债券所担保的财产；⑦债券发生拖欠情况如何处理；⑧对偿债基金、利息支付、本金偿还等条款的约定。

4）股东名册，对于记名股票和无记名股票记载的内容不同。记名股票应记载的内容一般包括：①股东姓名或名称及住所；②各股东所持股份；③各股东所持股票的编号；④各股东所持股份的日期。无记名股票应记载其股票数量、编号及发行日期。

5）承销或包销协议：公司向社会公开发行股票或债券时，应与证券公司签订承销或包销协议，由其承销或包销。

6）借款合同或协议：公司在向银行或其他非金融机构借入款项时，应与其签订借款合同或协议。

7）有关记账凭证主要包括收款凭证、付款凭证和转账凭证。

8）有关明细账和总账。

（2）投资活动涉及的凭证和会计记录。

1）债券投资凭证，是载明债券持有人与发行企业双方所拥有的权利与义务的法律性文件，其内容一般包括债券发行的标准、债券的明确表述、利息或利息率、受托管理人证书、登记和背书。

2）股票投资凭证，是指记载股票投资购买业务的买入凭证，包括购买股票数量、被投资公司、股票买价、交易成本、购买日期、结算日期、结算日应付金额合计。卖出凭证记载股票投资卖出业务，包括卖出股票数量、被投资公司、股票卖价、交易成本、卖出日期、结算日期、结算日金额合计。

3）股票证书，是载明股东所有权的证据，记录所有者持有被投资公司所有股票数量。如果被投资公司发行了多种类型的股票，也反映股票的类型，如普通股、优先股。

4）股利收取凭证，是向所有股东分发股利的文件，标明股东、股利数额、每股股利、被审计单位在交易最终日期持有的总股利金额。

5）长期股权投资协议。

6）有关记账凭证，包括收款凭证，付款凭证和转账凭证。

7）有关投资明细分类账和总分账，记录对被投资单位所持有的投资所有的详细信息，包括所获得或收取的投资收益。总分类账中的投资账户记录初始购买成本和之后的账面价值。

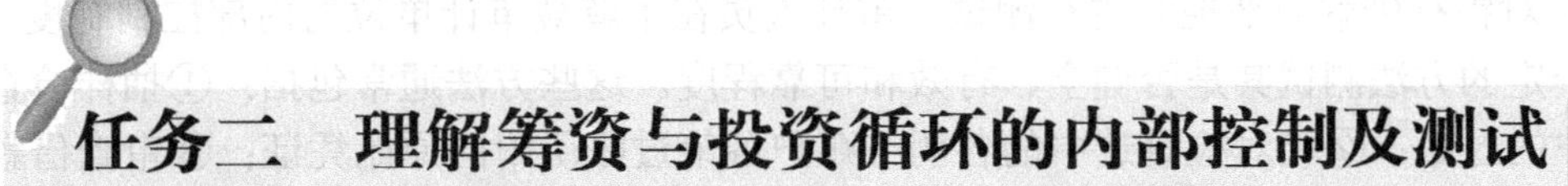

任务二　理解筹资与投资循环的内部控制及测试

任务要求

1. 理解筹资与投资循环的内部控制制度
2. 了解筹资与投资循环内部控制的测试方法

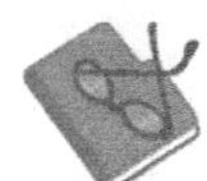

知识储备

完善的筹资与投资循环业务应设置哪些控制制度？

一、筹资活动的内部控制

筹资活动主要由借款交易和所有者权益交易组成，所有者权益增减变动业务较少但金额较大，审计人员在审计中一般直接进行实质性测试程序。企业的借款交易包括短期借款、长期借款和应付债券，这些内容的控制制度基本相似。这里以长期借款为例说明筹资活动的内部控制和测试。

1. 长期借款的内部控制制度

（1）授权审批。长期借款所筹集的资金一般用于企业的固定资产等长期资产的购建项目。这些项目投资金额大、期间长，对企业未来财务状况和盈利能力具有较大影响。因此举借长期借款、偿还债务等均需经企业管理层批准后才能办理。

（2）职责分工。长期借款的批准、执行与记录等方面都应有明确的分工，不得由一人或一个机构独立负责借款业务的全过程或过程中某一重要环节。

（3）按时支付利息和偿还本金。企业会计部门应于借款到期日签发转账支票或填制贷款偿还凭证，并经管理层批准后直接交银行办理还款手续。

（4）定期的独立核对。每隔一段时间由独立于长期借款明细账记录职责的人员复核长期借款的总账和明细账以及利息的计算；定期向银行等部门发出对账单，与长期借款明细账互相核对。

2. 长期借款的控制测试

是否需要对长期借款的内部控制进行测试，应视被审计单位的情况而定。如果被审计单

位的长期借款业务较多时，就需要进行控制测试；如果被审计单位的长期借款业务较少时，可直接进行实质性测试程序。银行借款内部控制测试要点如下：

（1）了解与描述长期借款的内部控制。审计人员应通过询问、观察、查阅有关资料等方法来了解银行借款业务的内部控制的完善程度。

（2）对银行借款内部控制进行测试。审计人员在了解被审计单位的内部控制制度以后，应运用一定的方法测试其是否健全、有效和可靠程度。这些方法通常包括：①抽样检查银行借款账户的过账；②核对检查选中的各明细账户各笔过账所附的原始凭证；③审查借款利息的计算。

（3）分析评价银行借款的内部控制。审计人员在执行上述程序后，应对企业银行借款的内部控制进行分析评价，以确定其对实质性程序的工作影响，并针对薄弱环节提出改进建议。

二、投资活动的内部控制

1. 投资活动的内部控制

（1）授权审批。企业投资前需编制投资计划，详细说明准备投资的对象、投资目的以及影响投资收益的风险。投资计划在执行前必须经过严格审批。

（2）合理的职责分工制度。投资活动应在业务的授权、执行、记录以及资产的保管方面有明确的分工，不得由一人同时负责上述任何两项工作。

（3）健全的资产保管制度。企业对投资资产一般有两种保管方式：一种是由独立的专门机构进行保管；另一种是企业自行保管。在第二种方式下，必须建立严格的相互牵制制度，即至少要由两名以上人员共同控制。

（4）详尽的会计核算制度。对于股票或债券类投资，无论企业自己保管还是由他人保管，都要进行完整的会计记录，并对其增减变动及投资收益的实现进行相关的会计核算。

2. 投资活动的控制测试

（1）了解并描述内部控制。审计人员通过查阅被审计单位的有关规章制度、文件资料，向有关人员口头查询或以现场调查的方式了解被审计单位是否存在内部控制制度，将调查内容记入工作底稿。

（2）进行简易抽查。审计人员应抽查投资业务的会计记录和原始凭证，确定各项控制程序的运行情况。

（3）审阅内部盘点报告。审计人员应审阅内部审计人员或其他授权人员对有价证券进行定期盘点的报告，应当重点审阅：盘点方法是否适当，盘点结果与会计记录相核对的情况，以及出现差异的处理是否合规等。

（4）分析企业投资业务管理报告。对于企业的长期投资，审计人员应对照有关投资文件和凭据，分析企业投资业务管理报告。在作出长期投资决策之前，企业最高管理层需要对投资进行可行性研究和论证，并形成一定的纪要。投资业务一经执行，又会形成一系列的投资凭据或文件。负责投资业务的人员需定期向企业最高管理层报告有关投资业务的开展情况，

即提交投资业务管理报告书，供管理层进行投资决策和控制。审计人员应认真分析这些投资管理报告的具体内容，并对照前述有关文件和凭据资料，从而判断企业长期投资业务的管理情况。

（5）评价投资内部控制。审计人员在完成上述各步骤工作后，可以对被审计单位投资业务的内部控制情况进行总体评价，确定投资业务内部控制的可依赖程度，进而确定实质性测试的程序和重点。

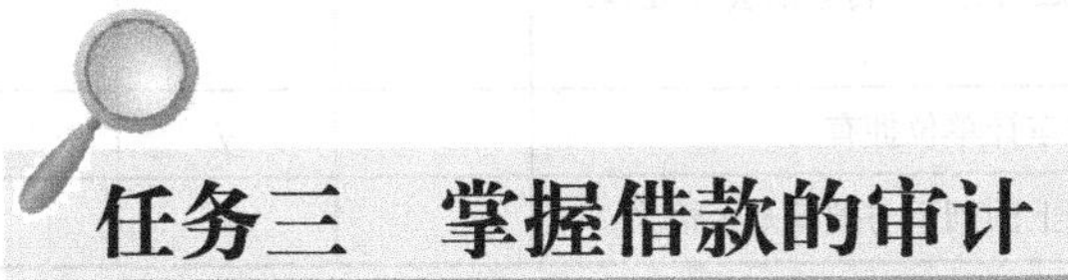

任务三 掌握借款的审计

任务要求

1. 掌握短期借款的实质性审计程序
2. 掌握长期借款的实质性审计程序
3. 了解应付债券的实质性审计程序

知识储备

如何判断企业资产负债表上短期借款、长期借款、应付债券项目的列示是否真实正确？

一、借款的审计目标

借款是企业承担的现实义务。一般情况下，被审计单位不会高估负债，因为这样对企业不利，且难以与债权人的会计记录相互印证。审计人员对负债项目的审计，主要是防止企业低估债务。低估债务经常伴随着低估成本费用，从而达到高估利润的目的。因此，低估债务不仅影响财务状况的反映，而且还会极大地影响企业财务成果的反映。所以，审计人员在执行借款业务审计时，应将被审计单位是否低估借款作为一个关注的要点。

（1）确定被审计单位所记录的借款在特定期间是否确实存在，是否为被审计单位所承担。

（2）确定被审计单位在特定期间内发生的借款业务是否记录完整。

（3）确定被审计单位所有借款的发生、偿还及计息、付息的会计处理是否正确。

（4）确定被审计单位各项借款的发生是否符合有关法律法规的规定，被审计单位是否履行了有关债务契约的规定。

（5）确定被审计单位借款余额在财务报表上的列示与披露是否恰当。

审计目标与认定对应关系，见表 7-2。

表 7-2 审计目标与认定对应关系

序号	审计目标	财务报表认定				
		存在	权利和义务	完整性	计价和关分摊	与列报相符的认定
1	资产负债表中记录的借款是否存在的	√				
2	所有应当记录借款业务是否均已记录			√		
3	所有借款的发生、偿还及计息、付息的会计处理是否正确				√	
4	记录的各项借款由被审计单位拥有		√			
5	借款余额在财务报表上的列示与披露是否恰当					√

二、借款的实质性审计程序

1. 短期借款的实质性审计程序

短期借款是企业向银行或其他金融机构借入的，偿还期限在一年以内的各种借款。审计人员应根据被审计单位年末短期借款余额的大小、占负债总额的比重、以前年度发现问题的多少，以及相关的内部控制制度的强弱，确定短期借款的实质性程序和方法。一般而言，主要包括以下内容：

（1）获取或编制短期借款明细表。审计人员应首先获取或编制短期借款明细表，复核加计正确无误后，与明细账和总账核对相符。

（2）函证短期借款。审计人员应在期末短期借款余额较大或认为必要时，向银行或其他债权人函证，以证实借款的存在性，以及有无抵押等情况。

（3）审查短期借款的增加。企业的借款必须经主管部门和有关人员的授权批准后才可以执行，同时应当与银行签订借款协议或合同。对年度内增加的短期借款，应检查借款合同和授权批准情况，了解借款数额、借款条件、借款日期、还款期限、借款利率，并与相关原始凭证和会计记录进行核对。审计人员应主要查明被审计单位借款的目的是否正当、借款的理由是否充分、借款是否为生产经营所必需、是否有科学合理的借款计划、是否签订借款合同并出具借款保证书、有关借款手续是否齐备、入账是否及时。

（4）审查借款的使用。审计人员通过检查借款合同、短期借款明细账等资料，主要检查被审计单位短期借款是否按规定用途使用，比如用于弥补流动资金的不足，短期借款不得用于购置固定资产、弥补亏损等。

（5）检查短期借款的减少。对年度内减少的短期借款，审计人员应检查相关记录和原始凭证，核实还款数额。

（6）审查借款利息的计算。审计人员应按短期借款的本金、利率和期限，复核被审计单位短期借款利息计算是否正确，有无多算或少算利息的情况；如有少计或多计利息，应作出记录，必要时进行调整。

（7）检查短期借款在负债表上的反映是否恰当。企业的短期借款在资产负债表上通常设“短期借款”项目单独列示，对于因抵押而取得的短期借款应在资产负债表附注中揭示，审计人员应注意被审计单位对短期借款项目的反映是否充分。

【例 7-1】审计人员对嘉兴公司负债业务进行审计时发现，该公司于 2011 年 7 月 1 日向当地工商银行借入 3 个月期限的借款 300 000 元，年利率 6%，嘉兴公司的会计处理为：

（1）取得借款时：

借：银行存款　　300 000

　　贷：短期借款　　300 000

（2）7 月、8 月、9 月预提利息时：

借：管理费用　　1 500

　　贷：短期借款　　1 500

（3）9 月 30 日归还借款时：

借：短期借款　　304 500

　　贷：银行存款　　304 500

分析上述资料，指出存在的问题，并作出处理意见。

分析：嘉兴公司在各月预提借款利息时借贷方科目应分别为“财务费用”和“应付利息”。该公司利息核算的记账凭证编制错误，应予以调整。编制调整分录如下：

借：财务费用　　4 500

　　贷：管理费用　　4 500

2. 长期借款的实质性审计程序

长期借款同短期借款一样，都是企业向银行或其他金融机构借入的借款，因此长期借款的实质性测试与短期借款的实质性测试较为相似。审计人员在进行长期借款的实质性测试时一般需要执行的程序包括：

（1）获取或编制长期借款明细表。获取或编制长期借款明细表，复核加计正确无误后，与明细账和总账核对相符。

（2）审查长期借款条件的抵押和担保。审计人员应查明抵押资产的所有权是否属于被审计单位，其价值和现实状况是否与抵押协议中的规定相一致。如果企业的长期借款是由其他单位进行担保，应审查担保单位是否具备担保条件，担保协议是否完善，内容是否合规合理。

（3）审查当年增加的长期借款。应检查借款合同和授权批准，了解借款数额、借款条件、借款人、借款期限、借款利率，并与相关记录核对相符。

（4）检查长期借款的使用。检查长期借款的使用是否符合借款合同规定的用途，重点检查长期借款使用的合理性，查明长期借款是否真正用于购建固定资产或无形资产，有无挪作他用的情况。

（5）长期借款的函证。审计人员应向银行或其他金融机构函证重大的长期借款。

（6）检查长期借款的减少。审计人员应检查相关记录和原始凭证，核实还款数额，检查相关的账务处理是否正确。

（7）检查一年内到期的长期借款是否转列为流动负债。

（8）检查借款费用的处理是否正确。借款费用是指企业因借款而发生的利息、折价或溢价的摊销和辅助费用，以及因外币借款发生的汇兑差额。

按照《企业会计准则》的规定，企业发生的借款费用，可直接归属于符合资本化条件的资产的购建或者生产的，应当予以资本化，计入相关资产成本；其他借款费用，应当在发生时根据其发生额确认为费用，计入当期损益。符合资本化条件的资产，是指需要经过相当长时间的购建或者生产活动才能达到预定可使用或者可销售状态的固定资产、投资性房地产和存货等资产。

（9）检查长期借款是否已在资产负债表上充分披露。长期借款在资产负债表上列示于非流动负债类下的“长期借款”项目。该项目应根据“长期借款”科目的期末余额扣减一年内到期的长期借款后的数额填列，该项扣除额填列在流动负债类下的“一年内到期的非流动负债”项目。审计人员应根据审计结果确定被审计单位长期借款在资产负债表上的列示是否充分，并注意长期借款的抵押和担保是否已在会计报表注释中作了充分说明。

【例 7-2】审计人员在对万明公司 2011 年资产负债表进行审计时发现，该企业 2011 年 1 月初向当地建设银行借入 200 万元用于购建固定资产，借款期限 3 年，年利率 9%，当年初开始固定资产的购建工程，但年末购建的固定资产并没有达到预计使用状态。检查该企业 12 月的会计凭证时发现第 85 号凭证的摘要为：“计算工程借款利息”。其会计处理为：

借：财务费用　　180 000

　　贷：应付利息　　180 000

分析上述资料，指出存在的问题，并作出处理意见。

分析：由于该固定资产的购建工程在年末未能完工，根据有关规定当年用于购建固定资产的借款利息应计入固定资产成本，通过“在建工程”账户核算。万明公司这样做的目的是为了减少固定资产成本，增加财务费用，达到减少利润的目的。因此，审计人员建议企业编制调整分录如下：

借：在建工程　　180 000

　　贷：以前年度损益调整　　180 000

3. 应付债券的实质性审计程序

应付债券是企业依照法定程序发行，约定在一定时间内还本付息的有价证券。其核算内容包括企业为筹集长期资金而发行的债券本金及利息。审计人员应重点关注应付债券的偿还、应计利息、利息的调整。其实质性测试程序包括以下几个方面：

（1）审计人员获取或编制应付债券明细表，复核加计正确无误后，与有关的明细账和总分类账核对相符。

（2）检查债券交易的各项原始凭证，审计人员应做好以下工作：

1）检查企业现有债券副本，确定其发行是否合法，各项内容是否与相关的会计记录一致。

2）检查企业发行债券收入的现金收据、汇款通知单、送款登记簿及相关银行对账单。

3)检查用以偿还债券的支票存根和利息费用的计算。

4）检查已偿还债券的数额同应付债券账户借方发生额是否相符。

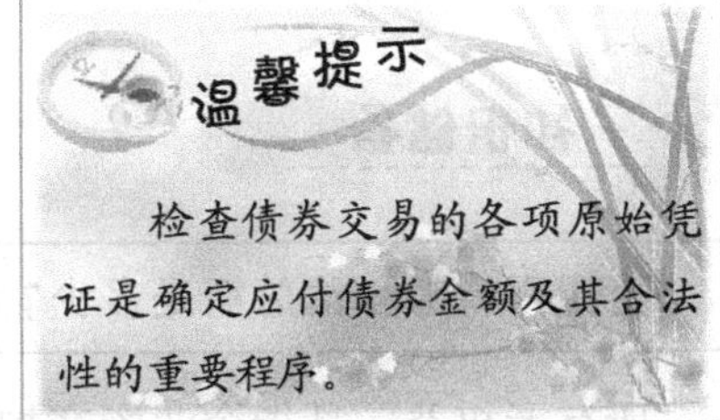

检查债券交易的各项原始凭证是确定应付债券金额及其合法性的重要程序。

（3）检查应计利息、债券折价或溢价的摊销及其会计处理是否正确。这项工作审计人员可通过检查债券应付利息、利息调整等账户分析表来进行。该表可以让企业代为编制，由审计人员检查；也可由审计人员自行编制，并检查其会计处理是否正确。

（4）函证应付债券账户的期末余额。为了确定应付债券账户期末余额的真实性，如果认为必要，审计人员可以直接向债权人及债券的承销人或包销人进行函证。函证的内容包括债券的名称、发行日期、到期日、利率、已付利息期间、年内已偿还的债券、资产负债表日尚未偿还的债券及其他审计人员认为的重要事项。

（5）检查到期债券的偿还。对到期债券的偿还，审计人员应检查有关记录，检查其会计处理是否正确。

（6）检查借款费用的处理是否正确。

（7）检查应付债券是否在资产负债表上充分披露。应付债券在资产负债表上列示于非流动负债类下的“应付债券”项目。该项目应根据应付债券账户的期末余额扣除一年内到期的应付债券后的数额填列。该项扣除额填列在流动负债类下的“一年内到期的非流动负债”项目。审计人员应根据审计结果，确定被审计单位应付债券在资产负债表上的列示是否正确，并注意应付债券的类别是否已在会计报表注释中作了充分说明。

【例 7-3】审计人员在对华兴公司 2011 年应付债券进行审计时发现，该公司于 2009 年 1 月发行 5 年期限的债券一批，债券面值 200 万元，发行价格 240 万元，年利率 12%。该公司年末计算利息并分摊溢价时编制的 67 号记账凭证为：

借：财务费用　　240 000

　　贷：应付债券——应计利息　　240 000

根据资料分析上述业务，指出存在的问题，并作出处理意见。

分析：该企业在年末只计算并核算了利息，没有摊销债券的溢价，所以应编制调整分录如下：

借：应付债券——债券溢价　　80 000

　　贷：财务费用　　80 000

任务四　了解所有者权益的审计

任务要求

1. 了解实收资本的实质性测试方法
2. 了解资本公积的实质性测试方法

3. 理解留存收益的实质性测试方法

知识储备

企业所有者权益总额是多少？是否真实、正确？

所有者权益，是指企业资产扣除负债后由所有者享有的剩余权益，其来源包括所有者投入的资本、直接计入所有者权益的利得和损失、留存收益等。它在数量上等于企业的全部资产减去负债后的差额。所有者权益既是所有者应享有的剩余权益，又是对债权人出资的一种保证。对所有者权益的审计既可以从正面审计，也可以通过对资产、负债的审计，从侧面验证其正确与否。由于所有者权益具有业务较少、金额较大的特点，审计人员可以运用详细审计的方法，花费较少的时间进行审计。

一、所有者权益的审计目标

所有者权益的审计目标主要包括以下几个方面：

（1）确定投入资本、资本公积的形成、增减及其他有关经济业务会计记录的合法性与真实性，为投资者及其他有关方面研究权益结构，进行投资决策提供依据。

（2）确定盈余公积和未分配利润的形成和增减变动的合法性、真实性，为投资者及其他有关方面了解权益的增值和积累情况提供资料。

（3）确认所有者权益在会计报表中是否充分披露。

二、所有者权益的实质性审计程序

1. 一般企业实收资本的实质性审计程序

除股份制企业外，其他组织形式的企业投入资本及发生的变动都是在“实收资本”账户中核算的。

（1）实收资本审计的主要内容。企业实收资本（股本）的增减变动，主要是由企业设立时投入资本、增资扩股及根据需要减资等业务所形成的，主要包括以下几个方面：

1）企业设立时实际收到投资者的投资。审计人员进行实收资本审计时，要对投资者投入资本的项目，是否按照国家有关规定和企业章程的规定，报经有关部门批准或经过企业最高权力机构批准等方面进行审查，同时还应对实收资本入账金额是否遵循了会计制度的规定进行审计。

2）企业增资扩股时，新投资者缴纳出资额的核算是否正确，计入实收资本的金额是否为其应当拥有的企业投资比例，是否存在损害原有投资者利益的情况。

3）企业资本公积、盈余公积转增资本。按照《中华人民共和国公司法》的规定，资本公积可以转增为公司资本，盈余公积既可以用于弥补公司亏损，也可以转增资本。但是增资行为应当经过批准，增资金额必须符合有关规定。

4）资本的减少。当企业由于经营方针或业务发生变化，如经营规模缩小、资本过剩，或发生重大亏损短期内无法弥补等原因，需要减少实收资本时，应当经国家有关部门批准或由董事会批准后，方可宣告减资。企业减资后注册资本不得低于法定的最低限额。

（2）实收资本的实质性程序。

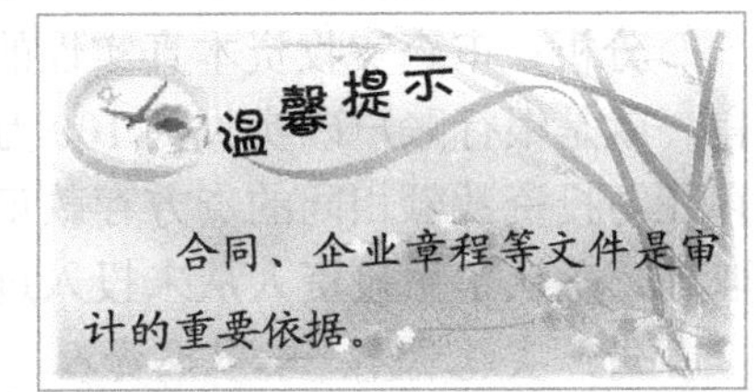

1）审计人员应向被审计单位索取合同、章程、营业执照及有关董事会会议记录，并认真审阅其中的有关规定。在合同、企业章程中，对投资各方的出资额、出资方式、出资期限及其他要求作了详细规定，并经过国家有关部门批准，具有法律效力。

2）审计人员应向被审计单位索取或自行编制实收资本明细表。实收资本明细表包括投入资本变动的详细记录以及有关的分析评价。编制时，需将每次变动情况逐一记载并与有关的原始凭证和会计记录进行核对。

3）审查出资期限、出资方式和出资额。审计人员应审查投资者是否已按照合同、协议、章程约定的时间缴付出资额，其出资额是否经过中国注册会计师验证，已验资的还应查阅验资报告。

出资期限是投资者缴足资本的时间界限。出资期限包括合同期限和法律期限，合同期限是投资者根据企业筹建、开业的需要，在合同、企业章程中规定的出资期限；法律期限是国家有关法律规定中要求的出资期限。合同期限要符合法律期限的要求。

出资方式是指投资者认缴资本所采用的方式。出资方式包括货币资金方式、实物资产方式和无形资产方式。投资者的出资方式在执行国家规定的同时，还应在合同、企业章程中有详细规定。

4）审查投入资本的真实性。审计人员应通过对有关原始凭证、会计记录的审阅和核对，向投资者函证实缴资本额，对有关财产和实物的价值进行鉴定，确定实收资本的真实性。审查时，审计人员应注意以下问题：①投入的现金是否已确实存入企业的开户银行，收到银行的收款通知；②投入的实物资产是否已办理了验收手续并列入登记清单，对房地产类固定资产应审查其所有权或使用权证明文件，对设备类固定资产应审查采购发票；③投入的无形资产应审查是否已办理了法律手续，接受了有关技术资料。

5）审查实收资本的增减变动。一般而言，企业不得随意增减实收资本，如有必要增减，则应具备一定的条件。对于实收资本的增减变动，审计人员应查明原因，查阅是否与董事会纪要、补充合同以及有关法律文件的规定一致。

6）确定实收资本是否已在资产负债表中恰当披露。

【例 7-4】审计人员在审查东明公司 2011 年“实收资本”账户时，发现以下会计记录：

借：银行存款　　1 000 000

　　贷：实收资本——甲投资人　　1 000 000

东明公司于 2011 年成立，该实收资本账户的 100 万元，是甲投资者分两次投入的资本，时间符合要求。但是审计人员追查该业务的原始凭证时，却没找到当时的银行进账单。

审计人员进一步查对了近期的银行对账单，也没发现有该笔款项入账。通过函证也证实该投资从未进账。在审查银行存款日记账时，发现一笔同样数目贷方发生额，对应科目是“其他应收款”，追查到记账凭证为：

借：其他应收款——甲投资人　　1 000 000

　　贷：银行存款　　1 000 000

同样，这张记账凭证既没有银行付款凭证也没有支票存根。

请根据以上资料，分析该业务存在的问题，并编制调整分录。

分析：审查实收资本真实性的重要依据，就是实际收到投资者投入的资金，对本业务而言，就是银行账户确实收到100万元。因为没有进账单，通过函证证实没有收到此款，而且存在与投资数额相同的贷方存款记录，审计人员可以认定这是一笔虚假的投资。通过进一步取证，确认了甲投资人从未投入过100万元。因而，应作调整分录如下：

借：实收资本——甲投资人　　1 000 000

　　贷：其他应收款——甲投资人　　1 000 000

2. 股份有限公司股本的实质性审计程序

股份有限公司的投入资本是在“股本”账户核算的。股本是股份有限公司按照公司章程、合同和投资协议的规定向股东募集的资本，代表股东对公司净资产的所有权。股份有限公司的股本，是在核定的股份总额的范围内，通过向股东发行股票的方式筹集的。股本只有在股份有限公司设立、增资扩股和减资时发生变化。

股本的实质性程序一般包括以下几个方面：

（1）审阅公司章程、实施细则和股东大会、董事会会议记录。审计人员应向被审计单位索取公司章程、实施细则和股东大会、董事会会议记录的副本，并认真审阅其中有关股本的条款。被审计单位每次发行股票、回购股票或从事其他类型的股票交易，均需经过股东大会或董事会的授权批准。审计人员应当核对股份和已发行股票的份数、股票面值、股票收回及认股权证等。通过这些资料，审计人员能够进一步确定被审计单位股本的交易是否符合有关法规的规定及股东大会或董事会的决议。

（2）审查股东是否按照公司章程、合同、协议规定的出资方式出资，各种出资方式的比例是否符合规定。我国法律规定，股份有限公司的出资可以采取货币资金、实物资产、无形资产方式，但以无形资产方式出资的，出资金额不得超过股份有限公司注册资本的20%。审计人员审计时，应先了解公司章程、合同协议中出资方式、出资比例，确定内容的合法性，再具体分析企业实际募股时，是否存在与公司章程、合同、协议内容存在差异的情况，并了解形成差异的原因。

（3）获取或编制股本明细表。审计人员应向被审计单位索取或编制股本明细表。股本明细表的内容应包括各类股本变动的详细记录及有关的分析评价，审计人员编制时应将每次变动的情况一一记录，并与有关原始凭证和会计账目进行核对。

（4）审查股票的发行、收回等交易活动。审查股票的发行、收回等交易活动，重点审查有关的原始凭证和会计记录。审计人员应审查的原始凭证包括已发行股票的登记簿、向外界收回的股票、募股清单、银行对账单等；应审查的会计记录包括银行存款日记账和总账、股本明细账和总账。

（5）函证发行在外的股票。审计人员应审查已发行股票的数量是否真实，是否已收到股款或资产。我国目前发行和转让股票大部分委托证券交易所和金融机构进行，由证券交易所和金融机构对发行在外的股票份数进行登记和控制。因此，这些机构了解公司发行股票的总数，掌握公司股东的个人记录及股票转让情况。审计人员审计时，可采取与证券交易所和金融机构函证及查阅的方法来验证发行股份的数量、金额，并与股本账面数进行核对，确定是否相符。

（6）审查股票发行费用的会计处理。发行股票时，一般要发生股票的印刷费和委托其他单位发行股票的手续费、佣金等。企业会计制度规定，溢价发行股票时，各种发行费用从溢价中扣除；无溢价的，或溢价不足以支付的部分，作为长期待摊费用，在不超过两年的期限内平均摊销。审计人员应审查相关会计记录和原始凭证，确定被审计单位对股票发行费用的会计处理是否正确。

（7）审查股本是否已在资产负债表中恰当披露。

【例 7-5】审计人员在审查新地公司“股本”账户时，发现新地公司当年委托某证券公司代理发行普通股 2 000 万股，每股面值 1 元，按面值发行，双方约定按发行收入的 3‰ 收取手续费，新地公司实际收到存款 1 994 万元。新地公司的会计处理为：

借：银行存款　　19 940 000

　　贷：股本　　19 940 000

请根据资料分析上述业务存在的问题，并编制调整分录。

分析：股本账户应核算股票面值，实际收到款项与面值的差额应记入“长期待摊费用”账户。审计人员建议企业作调整分录：

借：长期待摊费用　　60 000

　　贷：股本　　60 000

3. 资本公积的实质性审计程序

资本公积是指归所有者共有、非收益转化而形成的资本，主要包括两部分：企业收到投资者的出资额，超过其在注册资本或股本中所占份额的部分；直接计入所有者权益的利得及损失。直接计入所有者权益的利得和损失是指不应计入当期损益，会导致所有者权益发生增减变动的，与所有者投入资本或向所有者分配利润无关的利得和损失。

审计人员对资本公积实施实质性测试程序，内容主要包括以下几个方面：

（1）获取或编制资本公积明细表，复核加计正确无误后，与报表数、总账数和明细账合计数核对相符。

（2）复核公司章程、授权凭证和相关法规。资本公积的增减变动必须符合相关法规的要求，经过相应的授权才能执行，因此审计人员必须获得相应的凭证，以确认资本公积增减变动的合法性和正确性。

（3）审查资本溢价或股本溢价。应审查是否在吸收新的投资者时形成资本溢价；资本溢价金额的确定是否按照实际出资额扣除其按投资比例所占资本额后的差额计算；投资者的投资是否经董事会决定并已报原审批机关批准。对股本溢价，应审查其股票发行是否合法，是否经有关部门批准，股票发行价格与其面值的差额，是否在扣除委托证券机构代理发行股票而支付的手续费、佣金后的差额，全部计入资本公积。

（4）审查其他资本公积。采用权益法核算长期股权投资时，若持股比例不变，被投资单位发生除净损益以外的所有者权益的变动时，企业按其持股比例计算应享有的份额，应增加或减少资本公积。审计人员应审查被审计单位的资本公积是否按照被投资单位所反映的除净损益以外的所有者权益的变动及实际持股比例计算确定，并已进行了正确的会计处理。

（5）审查资本公积转增资本是否经过授权批准。对于资本公积转增资本，审计人员应审查转增资本是否经过董事会、股东大会决定并报工商行政管理机关批准，依法办理增资手续。

（6）审查资本公积是否已在资产负债表中恰当披露。审计人员应进一步核实企业的资本公积是否在资产负债表中单独列示，并在会计报表附注中说明资本公积的期末余额及期初至期末间的重要变化。

【例 7-6】审计人员在对大明公司“资本公积”账户进行审查时发现这样一笔业务：收到航鹰公司投入的一项商标权，投资协议约定该商标权的价值为 900 000 元，按投资比例确认的资本额为 500 000 元。大明公司的账务处理为：

借：无形资产——商标权　　900 000

　　贷：实收资本——航鹰公司　　900 000

请根据以上资料分析存在的问题，并编制调整分录。

分析：实收资本账户核算的是资本数额，该业务收到的商标权，协议确定的价值虽然是 90 万元，但按比例确定的资本数额为 50 万元，所以对资本溢价 40 万元，应计入资本公积。审计人员建议大明公司编制调整分录如下：

借：实收资本　　400 000

　　贷：资本公积　　400 000

4. 留存收益的实质性审计程序

企业的留存收益包括盈余公积和未分配利润。

（1）盈余公积的实质性程序。盈余公积是企业按照规定从净利润中提取的积累资金，是具有特定用途的留存收益，包括法定盈余公积和任意盈余公积。盈余公积主要用于弥补亏损和转增资本，也可以按规定用于分配股利。

盈余公积的实质性程序包括以下几个方面：

1）获取或编制盈余公积明细表。审计人员应首先获取或编制盈余公积明细表，分别列示法定盈余公积、任意盈余公积，并与明细账和总账余额核对相符；对盈余公积各明细项目的发生额，逐项审查其原始凭证。

2）审查盈余公积的提取业务。审计人员应主要审查盈余公积的提取是否符合规定要求并经过批准，提取手续是否完备，提取依据（税后净利润）是否真实正确，提取项目是否完整，提取比例是否合法，有无多提或少提；法定盈余公积是否按照规定比例提取；任意盈余公积是否按照企业章程或董事会决议提取。

3）审查盈余公积的使用业务。审计人员应主要审查盈余公积的使用是否符合规定用途并经过批准。盈余公积的使用必须经过一定的授权批准，法定盈余公积和任意盈余公积用于弥补亏损、转增资本和经特别批准后支付股利，但必须符合国家规定的限制条件（如转增资本或分配利润后，剩余数额不得低于注册资本的 25%，支付股利的比率不得超过股票面值的 6%）；转增资本还必须经过批准，依法办理增资手续，取得合法的增资文件；弥补亏损也必须按批准数额转账。

4）审查盈余公积是否在资产负债表上恰当披露。

（2）未分配利润的实质性程序。未分配利润是企业当年税后利润在弥补以前年度亏损、提取盈余公积后的数额，加上上年度未分配利润，再扣除向所有者分配的利润后的余额，是企业留待以后年度分配的利润。它是所有者权益的一个重要组成部分。企业的未分配利润通过“利润分配——未分配利润”科目核算，其年末余额反映历年结余未分配利润（或未弥补亏损）。

未分配利润的实质性程序包括以下几个方面：

1）获取或编制未分配利润明细表。结合利润分配科目，审查本年度未分配利润结转的真实性及期初“利润分配——未分配利润”账户余额是否与上期资产负债表所列数据相符。

2）审查利润分配比例是否符合合同、协议、章程以及董事会纪要的规定，利润分配数额及年末未分配数额是否正确。

3）根据审计结果调整本年损益数，直接增加或减少未分配利润，确定调整后的未分配利润数。

4）审查未分配利润是否已在资产负债表上恰当披露。

【例 7-7】审计人员在审查宏安公司 2011 年“盈余公积”账户时，查明该公司盈余公积年初余额 400 000 元，当年年末提取 20 000 元；审查“本年利润”账户，查明该公司 2011 年实现净利润为 300 000 元（宏安公司 2010 年注册资本 100 万元）。

根据以上资料分析该公司盈余公积方面存在的问题，并作出处理意见。

分析：宏安公司 2011 年实现净利润为 300 000 元，应按 10%的比例计提法定盈余公积，还要按股东大会决议计提任意盈余公积，则计提比例至少应为 2011 年实现净利润的 10%，但该公司 2011 年只提取盈余公积 20 000 元，盈余公积提取不足，至少还应当补提 10 000 元。审计人员建议宏安公司编制调整分录如下：

借：利润分配　　10 000

　　贷：盈余公积　　10 000

任务五　知悉投资的审计

任务要求

1. 掌握交易性金融资产的实质性程序
2. 了解长期股权投资的实质性程序

知识储备

怎样验证各项投资的真实性？

投资是指企业为通过分配来增加财富或为谋求其他利益而将资产让渡给其他单位所获得另一项资产。按照投资者持有的意图以及对风险的承受能力，投资可分为交易性金融资产、持有至到期投资和可供出售金融资产以及长期股权投资。

一、投资的审计目标

投资的审计目标包括以下几个方面：

（1）确定投资是否真实存在。

（2）确定投资的增减变动及其损益的记录是否完整。

（3）确定投资是否归属于被审计单位。

（4）确定投资的期末余额是否正确。

（5）确定投资在会计报表上的披露是否恰当。

审计目标与认定对应关系，见表 7-3。

表 7-3 审计目标与认定对应关系

序号	审计目标	财务报表认定				
		存在	权利和义务	完整性	计价和分摊	与列报相符的认定
1	资产负债表中记录的投资是存在的	√				
2	所有应当记录的投资均已记录			√		
3	记录的投资由被审计单位拥有或控制		√			
4	投资以恰当的金额包括在财务报表中，与之相关的计价或分摊已恰当记录				√	
5	投资已按照企业会计准则的规定在财务报表中作出恰当列报					√

二、投资的实质性审计程序

由于审计的方法与程序上存在相似性，本部分仅针对交易性金融资产和长期股权投资两个方面进行投资的实质性测试程序。

1. 交易性金融资产实质性审计程序

（1）获取或编制交易性金融资产明细表，复核加计正确无误后，与报表数、总账数和明细账合计数核对相符。

（2）验证交易性金融资产的真实性。

1）获取股票、债券、基金等账户的对账单，与明细账余额核对相符。

2）盘点库存有价证券，证实账实是否相符。如果实际盘点工作是在结账日之后进行的，则审计人员应根据盘点结果和结账日与盘点日之间的证券增减变动情况计算结账日投资的余额。

3）如果交易性金融资产在审计工作日之前已经出售或兑换，则应追查至原始凭证，以确认其在资产负债表日真实存在。

4）保管在外的交易性金融资产应查阅有关保管的文件，必要时可向保管人函证。

（3）确定交易性金融资产的会计记录是否完整，并确定所购入交易性金融资产是否归属于被审计单位。主要是通过取得有关账户流水单，对照检查账面记录是否完整，检查购入交易性金融资产是否为被审计单位拥有。

（4）确定交易性金融资产的计价是否正确。

1）复核交易性金融资产的计价方法，检查其是否按公允价值计量，前后各期是否一致。

2）复核公允价值取得的依据是否充分。公允价值与账面价值的差额是否计入公允价值变动损益科目。

（5）检查交易性金融资产是否在财务报表中作出恰当披露。

【例 7-8】审计人员在对华业公司进行审计时，发现该公司在 2011 年 2 月 20 日购入某股份有限公司的股票 10 000 股（按交易性金融资产核算），共支付价款 13 000 元，其中包含已宣告发放但尚未支付的股利 3 000 元，同时支付手续费 1 300 元。4 月 20 日华业公司收到股利 3 000 元。华业公司当年的账务处理为：

（1）2 月 20 日购入股票时：

借：交易性金融资产——成本　　13 000
　　投资收益　　1 300
　　贷：银行存款　　14 300

（2）4 月 20 日收到股利时：

借：银行存款　　3 000
　　贷：投资收益　　3 000

根据资料请分析上述业务存在的问题，并作出处理意见。

分析：华业公司购入购票价格中包含的股利不应计入投资成本，而应在“应收股利”账户核算，在收到股利时，不应计入“投资收益”账户，而应冲减“其他应收款”账户。所以审计人员可建议华业公司作出调整，编制调整分录如下：

借：投资收益　　3 000
　　贷：交易性金融资产——成本　　3 000

2. 长期股权投资的实质性审计程序

（1）获取或编制长期股权投资明细表，复核加计正确无误后，与总账数和明细账合计数核对相符；结合长期股权投资减值准备科目与报表数核对相符。

（2）确定长期股权投资是否存在，并归属被审计单位所有。

1）根据有关合同和文件，确认长期股权投资的股权比例和投资时间，检查长期股权投资的核算方法是否正确。

2）分析被审计单位管理层的意图和能力，检查有关原始凭证，验证长期股权投资分类的正确性。

3）对于采用权益法核算的长期股权投资，获取被投资单位已经过注册会计师审计的年

度财务报表，如果未经注册会计师审计，则应考虑对被投资单位的财务报表实施适当的审计或审阅程序。

4）对于采用成本法核算的长期股权投资，检查股利分配的原始凭证及分配决议等资料，确定会计处理是否正确；对被投资单位实施控制而采用成本法核算的长期股权投资，比照权益法编制变动明细表，以备合并报表使用。

（3）对于重大的投资，应向被投资单位函证被审计单位的投资额、持股比例及被投资单位发放股利等情况。

（4）确定长期股权投资的增减变动的记录是否完整。

1）检查本期增加的长期股权投资，追查至原始凭证及相关的文件或决议及被投资单位验资报告或相关财务资料等，确认长期股权投资的增加是否符合投资合同、协议的规定，会计处理是否正确。

2）检查本期减少的长期股权投资，追查至原始凭证，确认长期股权投资的减少是否有合理的理由以及授权批准手续，会计处理是否正确。

（5）期末对长期股权投资进行逐项检查，以确定长期股权投资是否已经发生减值。

（6）结合银行借款等项目检查，了解长期股权投资是否存在质押、担保情况；如有，则应详细记录，并提请被审计单位进行充分披露。

（7）检查长期股权投资是否在财务报表中作出恰当披露。

【例 7-9】审计人员在对东海公司进行长期股权投资审计时发现，东海公司对 C 公司的长期股权投资的期末价值为-15 万元，经进一步查验发现东海公司对 C 投资 210 万元，占被投资单位股权比例为 30%，采用权益法核算。C 公司 2011 年发生亏损 750 万元，东海公司应承担 225 万元。东海公司的账务处理为：

借：投资收益　　　　　　　　　　　　　　2 250 000

　　贷：长期股权投资——A 公司　　　　　　　　2 250 000

请根据资料分析上述业务存在的问题，并作出处理意见。

分析：根据规定，被投资单位发生亏损时，投资单位承担的亏损额应以投资额为限，即以“长期股权投资”账户余额减记至零为限；如果以后被投资单位实现利润，投资单位将计算分得的收益减去未确认的投资亏损后的差额，确认为投资收益。所以东海公司长期股权投资账户，不能出现负数。审计人员应建议东海公司编制调整分录如下：

借：长期股权投资——C 公司　　　　　　　　150 000

　　贷：投资收益　　　　　　　　　　　　　　150 000

同时，东海公司资产负债表中长期股权投资应调增 15 万元，利润表中净利润调增 15 万元。

项目总结

筹资与投资循环审计是审计业务中的一项重要内容。筹资循环主要涉及企业如何通过债权人和所有者的投资来取得资金以及资金的偿还。投资循环主要涉及企业根据持有各种资产的意图如何将现有资产转化为另一种资产来增加企业财富。筹资与投资业务的特性包括两方面：一是筹资与投资循环中的业务活动；二是筹资与投资的主要凭证和会计记录。

筹资与投资循环内部控制主要有授权审批、相关职务的分离、定期核对、实物保管和会计记录等方面控制。

筹资活动审计主要包括借款审计和所有者权益审计。借款审计包括短期借款审计、长期借款审计和应付债券审计。所有者权益审计包括股本审计、实收资本审计、资本公积审计、盈余公积审计和未分配利润审计。投资活动的审计主要包括交易性金融资产审计、长期股权投资审计等。

项目八　审 计 报 告

项目导航

学习目标

- 掌握审计报告的概念
- 描述审计报告的类型
- 掌握审计报告的编写程序

具体任务

任务一　了解审计报告
任务二　知悉审计报告种类
任务三　学会编写审计报告

任务一　了解审计报告

任务要求

1. 掌握审计报告的含义
2. 了解审计报告的作用
3. 掌握审计报告的要素

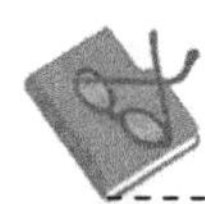

知识储备

审计人员完成了大量的审计外勤工作，最后必须提交一份审计报告才算完成审计任务。那么，什么是审计报告？审计报告有什么作用呢？

一、审计报告的含义

审计报告是指审计人员根据审计准则的规定，在实施审计工作的基础上，就被审计单位经营活动和内部控制的适当性、合法性和有效性等，向审计委托（委派）人出具的书面文件。

审计人员在对被审计事项实施了必要的审计程序，取得充分有效的审计证据后，要编写和提交审计报告，以书面形式向委托（委派）人对被审计单位的财务状况、经营成果以及经济效益等发表审计意见。

审计报告是审计工作的最终成果，集中反映了审计部门及其人员的工作水平和质量。审计人员做了大量工作，发现了被审计单位经营管理中存在的问题，并且针对问题也能够提出很好的审计意见，但是如果因为某种原因写不出有分量的审计报告，就会使审计工作失去价值，难以发挥应有的作用。

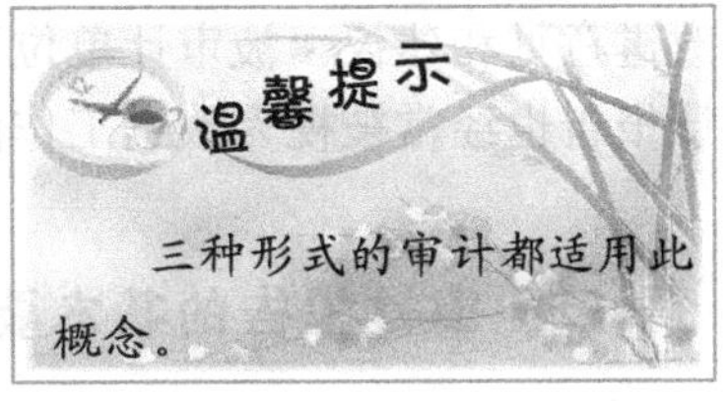

三种形式的审计都适用此概念。

审计报告是审计人员在完成审计工作后向委托（委派）人递交的最终产品。为了明确责任，审计人员应当在审计报告中清楚地表达对财务报表的意见，并对出具的审计报告负责。

二、审计报告的作用

审计组织接受委托或授权进行审计，任务完成后须向委托（委派）人报告结果。一方面，表明自己的意见，可使委托人及其他利益相关者作出相应决策，促使被审计单位改进工作；另一方面，也明确了审计责任，为评价审计人员提供了基础。

1. 审计报告是审计委托（委派）人作出审计决定的依据

审计报告是审计委托（委派）人处理被审计单位有关问题的依据。例如，内部审计报告可以针对被审计单位改善经营管理，提高经济效益等方面的问题为部门或单位负责人提供政策参考；国家审计报告更是审计机关作出审计决定和发表审计意见的主要依据。

2. 审计报告是具有法定证明效力的证明文件

审计人员接受委托或授权后依法进行审计，以独立第三方的身份，在审计报告中对被审计单位会计报表的合法性、公允性发表意见，这种意见为法律所认同，并得到委托（委派）人或社会公众以及被审计单位的认同，客观上就起到了鉴证作用。因而，审计是有法律效力的证明文件。

3. 审计报告是明确审计人员责任的重要资料

审计报告是审计人员对整个审计工作的总结和提炼，反映了审计工作的基本情况和工作成果。通过审计报告，可以看出审计任务的完成情况，证明审计人员审计责任的履行情况。如果出现审计纠纷，审计报告是审计人员免除或承担法律责任的重要依据。

4. 审计报告是评价审计人员工作质量的重要尺度

审计报告集中反映了审计的水平和质量。审计人员实施审计工作的基本情况以及对审计事项的评价，都反映在审计报告之中。因此，根据审计报告就可以检查和判断审计人员的业务技术水平和工作质量。

5. 审计报告是社会有关人士作出决策的重要依据

审计报告对被审计单位的经营管理、经济效益以及相关经济责任履行情况提出了权威性的意见，债权人、投资人以及银行、财政及税务等部门，都可以根据审计报告作出重要决策。

6. 审计报告能够促使有关单位改进工作

在审计报告中，审计人员要对被审计经济活动作出正确评价，并针对存在的问题，提出改进意见和建议。被审计单位可以据此采取措施，改善经营管理，提高经济效益。因此，审计报告也经常被视为改进工作的建议书。

温馨提示

应熟记审计报告的内容。

三、审计报告的基本要素

审计报告的基本内容一般包括基本情况说明、审计发现的问题、审计结论及意见、审计报告日期和审计组织等内容。但是，不同类型的审计报告的具体内容和格式存在较大的差异。在此，以内部审计报告为例进行介绍。一般的内部审计报告应包括以下基本要素。

（一）标题

内部审计报告的标题应能反映审计的性质，力求言简意赅并有利于归档和索引。一般应当主要包含被审计单位名称、审计事项（类别）和审计期间等内容，如“关于××公司内部会计控制的审计报告”。

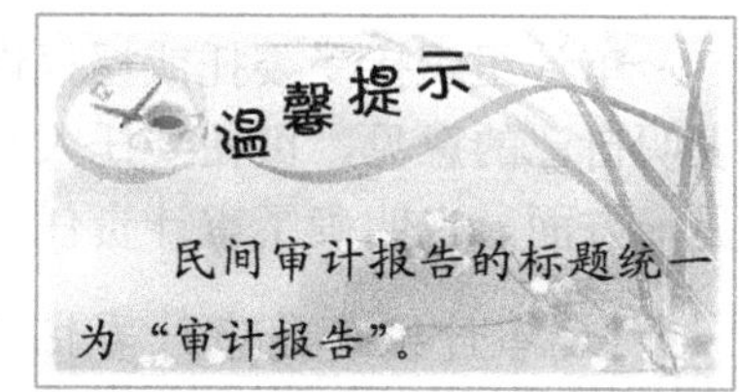

（二）收件人

内部审计报告的收件人应当是与审计项目有管理和监督责任的机构或个人。一般应当包括被审计单位适当管理层、董事会或其下设的审计委员会或者组织中的主要负责人、组织最高管理当局、上级主管部门的机构或人员以及其他相关人员等。考虑到各个组织的法人治理结构或者管理方式的不同，审计报告的收件人应当根据具体情况确定。

（三）正文

内部审计报告的正文是审计报告的核心内容，一般应当包括以下项目。

1. 审计概况

审计概况是对审计项目总体情况的介绍和说明，一般包括以下几个方面：

（1）立项依据。在审计报告中应当根据实际情况说明审计项目的来源。审计项目的来源可以是审计计划安排的项目，也可以是有关机构委托的项目，或者是根据工作需要临时安排的项目。

（2）背景介绍。在审计报告中，应当对有助于理解审计项目立项以及审计评价的以下情况进行简要描述：

1）选择审计项目的目的和理由。

2）被审计单位的规模、业务性质与特点、组织机构、管理方式、员工数量、主要管理人员等情况。

3）上次同类审计的评价情况。

4）与审计项目相关的环境情况。

5）与被审计事项有关的技术性文件。

6）其他情况。

（3）整改情况。如有必要，应当将上次审计后的整改情况在本次审计报告中加以说明。

（4）审计目标与范围。审计报告中应当明确地陈述本次审计的目标，并应与审计计划中提出的目标相一致；还应当指出本次审计的活动内容范围和所包含的期间。如果存在未进行审计的领域，应当在报告中指出，特别是某些受到限制无法进行检查的项目，应说明受限制无法审查的原因。

（5）审计重点。审计报告应当对本次审计项目的重点、难点进行详细说明，并指出针对这些方面采取了何种措施及其所产生的效果，也可以对审计中所发现的重点问题作出简短叙述及评论。

（6）审计标准。财务审计的标准主要是国家有关部门所颁布的会计准则、会计制度以及其他相关规范制度。管理审计的标准主要是组织管理层已制定或已认可的各项标准。

2. 审计依据

审计依据是审计报告应声明内部审计程序是按照内部审计准则的规定实施审计的。当确实无法按照审计准则要求执行必要的审计程序时，应在审计报告中陈述理由，并对由此可能导致的对审计结论和整个审计项目质量影响作出必要的说明。

3. 审计发现

审计发现是内部审计人员在对被审计单位的经营活动与内部控制的检查和测试过程中所得到的积极或消极的事实，一般应包括以下内容：

（1）所发现事实的现状，即审计发现的具体情况。

（2）所发现事实应遵照的标准，如政策、程序和相关法律法规。

（3）所发现事实与预定标准的差异。

（4）所发现事实已经或可能造成的影响。

（5）所发现事实在目前现状下产生的原因（包括内在原因与环境原因）。

4. 审计结论

审计结论是内部审计人员对审计发现所作出的职业判断和评价结果，表明内部审计人员对被审计单位的经营活动和内部控制所持有的态度和看法。

在做出审计结论时，内部审计人员应针对本次审计的目的和要求，根据已掌握的证据和已查明的事实，对被审计单位的经营活动和内部控制作出评价。内部审计人员提出的结论可以是对经营活动或内部控制的全面评价，也可仅限于对部分经营活动和内部控制进行评价。如有必要，审计结论还应包括对出色业绩的肯定。

5. 审计建议

审计建议是内部审计人员针对审计发现提出的方案、措施和办法。审计建议可以是对被审计单位经营活动和内部控制存在的缺陷和问题提出改善和纠正建议；也可以是对显著经济效益和有效内部控制提出表彰和奖励建议。

内部审计人员应该依据审计发现和审计证据，结合组织的实际情况和审计结论的性质，提出审计建议。改进建议应该基于方案设计、实施要求、实施效果等作充分必要的可行性分析。

（四）附件

内部审计报告的附件是对审计报告正文进行补充说明的文字和数字材料。一般应当包括以下几个方面：

（1）相关问题的计算及分析性复核审计过程。

（2）审计发现问题的详细说明。

（3）被审计单位及被审计责任人的反馈意见。

（4）记录审计人员修改意见、明确审计责任、体现审计报告版本的审计清单。

（5）需要提供解释和说明的其他内容。

（五）签章

内部审计报告应当由主管的内部审计机构盖章，并由审计机构负责人、审计项目负责人和其他经授权的人员签字。

（六）报告日期

审计报告日期一般采用内部审计机构负责人批准送出日作为报告日期。以下情况时，使用相关的日期：

（1）因采纳组织主管负责人的某些修改意见时。

（2）内部审计人员在本机构负责人审批之后又发现被审计单位存在新的重大问题时。

（3）内部审计报告存在重要疏忽时。

（4）其他情况。

四、审计报告范例

内部审计报告范例如下：

关于××公司内部会计控制的审计报告

××公司总经理：

为了配合今年年底公司组织的行业检查活动，我们临时调整了审计计划，组成了以王××为项目负责人的5人审计小组，对公司内部会计控制制度进行了局部审计，旨在自我评价，消除内部控制的弱点，改善公司管理水平，争取在行业评比中获得优异成绩。本次审计目标是测试内部会计控制方面是否存在漏洞，寻找与同行业其他企业的差距。审计涉及的期间是2010年1月1日至2010年12月31日。审核的范围包括会计制度设计、会计核算程序、会计工作机构和人员职责、财务管理制度等方面。（审计概况）

我们按照内部审计准则的规定计划和实施本项内部审计工作，并采用了我们认为应当采用的必要的审计程序。根据抽查结果，我们认为下列情况应当予以关注：

（1）没有定期进行银行对账单调节。截至我们进行审计时，银行对账单的调节工作已延误了四个月，严重削弱了公司对资金安全性的控制（见附件第××页）。

（2）由于没有防止投资收益账户上舞弊行为的控制程序，导致超过100 000元的股利被非法挪用（见附件第××页）。

（3）（略）。

除上述问题外，我们认为，组织管理层对内部会计控制的设计在整体上是符合公司的实际情况的，其运行取得了预期的效果。（审计结论）

我们认为，上述问题的发生，主要原因是相关职位人员配备不足，不相容职务未予以分离。

建议财务部门健全资金控制制度，并招聘一名有经验的会计人员充实相关职位。（审计建议）

附件：（1）××

（2）××

（3）××

审计项目负责人：×××

审计小组成员： ×××

×××

××审计机构（签章）

2011年2月20日（报告日期）

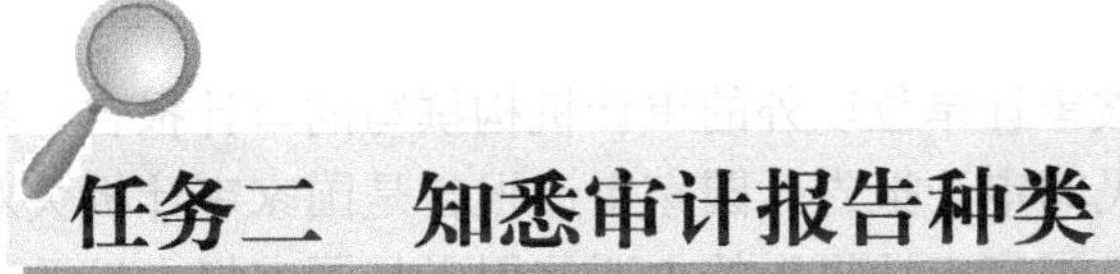

任务二 知悉审计报告种类

任务要求

掌握审计报告的类型

知识储备

审计人员完成审计工作后须根据不同的审计范围和目的，并根据经过验证的审计结果，提出不同类型的审计报告。那么，审计报告有哪些种类呢？

审计报告可以按不同的标准进行分类，如图8-1所示。熟悉各类审计报告的特点，有助于把握不同要求，写好用好审计报告，充分发挥其职能与作用。

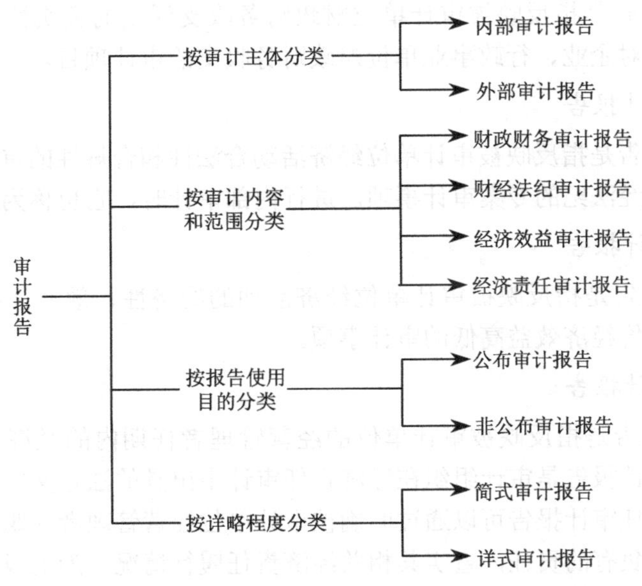

图8-1 审计报告的种类

一、按审计报告撰写主体分类

按撰写主体不同来划分，审计报告可分为内部审计报告和外部审计报告两类。

1．内部审计报告

内部审计报告是由内部审计机构或人员撰写的审计报告。内部审计的性质决定了其权威性不如外部审计，内部审计人员的地位也决定了内部审计报告具有一定的局限性，一般只供部门、单位领导人了解情况、经营决策之用，对外不起公证作用。但内部审计报告内容庞杂，深度、广度一般都超过国家审计报告和独立审计报告，表达意见也比较直率。

2．外部审计报告

外部审计报告是指被审计单位以外的审计机构撰写的审计报告。按其撰写主体不同，又可分为国家审计报告和民间审计报告。国家审计报告是国家审计机关对审计全过程的总结，是审计工作的最终成果。国家审计报告的主要使用者是国家权力机关和政府，具有非标准审计报告的特征。随着社会进步，政府审计报告逐步向社会公众公开。民间审计报告一般又称为独立审计报告，是指注册会计师根据独立审计准则的要求，在实施审计工作的基础上对被审计单位年度会计报表发表意见的书面文件。民间审计报告多数是为了鉴定、证明，因此对审计人员独立性要求很高，而且要求审计人员提出的审计意见必须客观公正。

二、按审计报告的内容和范围分类

按内容和范围不同，审计报告可以划分为财政财务审计报告、财经法纪审计报告、经济效益审计报告和经济责任审计报告四类。

1．财政财务审计报告

财政财务审计报告是指反映被审计单位财政财务收支活动的真实性和合法性的审计报告。这类报告适用于对企业、行政事业单位财政财务收支的审计项目。

2．财经法纪审计报告

财经法纪审计报告是指反映被审计单位经济活动合法性和合规性的审计报告，适用于审查和鉴证涉及违反财经法纪的专案审计事项。进行内部审计时，它也称为遵循性审计。

3．经济效益审计报告

经济效益审计报告是指反映被审计单位经济活动的经济性、效率性和效果性的审计报告，适用于审查和评价经济效益高低的审计事项。

4．经济责任审计报告

经济责任审计报告是指反映被审计单位的经营管理者任期内的经济责任履行情况的审计报告。经济责任审计报告是审计组织在经济责任审计中出具的法定文书，是经济责任审计的直接成果。经济责任审计报告可以通过明确被审计单位经营管理者任职期间在本部门、本单位经济活动中应当负有的责任，查实其相关经济责任履行情况，为上级管理部门、纪检监察机关和其他有关部门考核使用干部或者兑现承包合同等提供参考依据。

三、按审计报告内容的详略程度分类

按内容的详略程度不同来划分，审计报告可分为简式审计报告和详式审计报告两种。

1. 简式审计报告

简式审计报告又称短文式审计报告，采用较为简洁的语言来说明审计范围和表达审计意见，篇幅较短，内容概括，通常用于注册会计师实施的年度会计及表审计。

2. 详式审计报告

详式审计报告又称长文式审计报告，是一种比较详尽而带有评论性的审计报告。它对审计结果部分要点进行详细评述、分析、解释，并按问题的性质分类，提出审计意见和改进建议，使审计报告使用者能够详细地了解被审计单位的财务状况、经营成果及其变动原因，以及今后如何改进经营管理。我国国家审计机关、内部审计机构所进行的财政、财务审计、经济效益审计及经济责任审计等，通常都编写详式审计报告。

四、按审计报告的使用目的分类

按使用目的划分，审计报告可分为公布审计报告和非公布审计报告。

1. 公布审计报告

公布审计报告是指公之于众，供社会大众阅读，不具有保密性的审计报告。这种审计报告一般是用于对企业股东、投资者、债权人等非特定利益关系者公布的附送会计报表的审计报告。

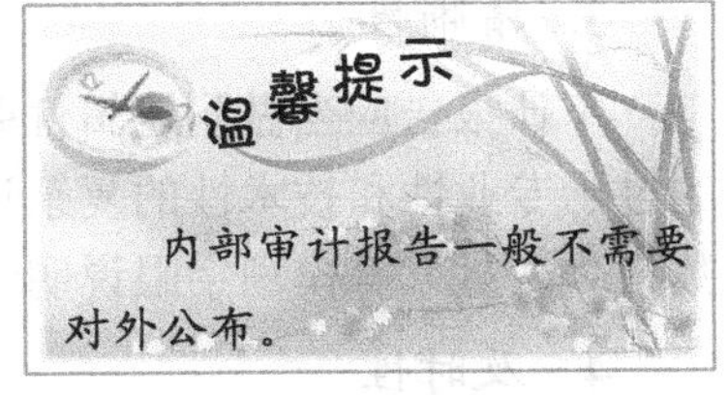

2. 非公布审计报告

非公布审计报告是指为特定目的而撰写的审计报告。这种审计报告一般只分发给特定使用者，如经营管理者、企业合并或业务转让的关系人等，而不对外公开。

此外，审计报告还可以按审计范围划分为综合审计报告和专项审计报告；按审查会计报表的期限，可以划分为年度审计报告和中期审计报告；按审计报告性质和措辞规范性，可以划分为标准审计报告和非标准审计报告等。

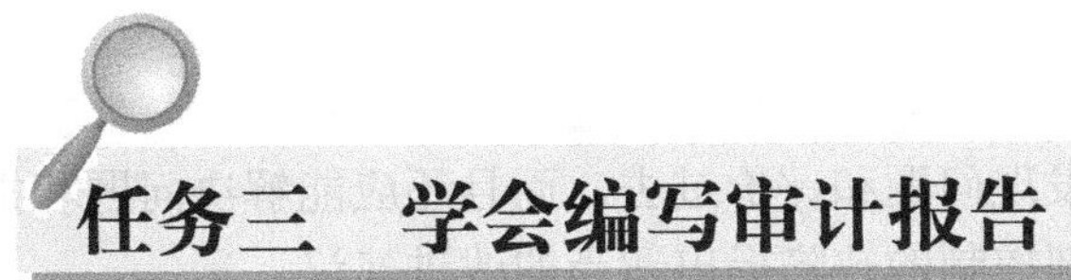

任务三 学会编写审计报告

任务要求

1. 了解编写审计报告的要求

2. 掌握编写审计报告的步骤和方法

知识储备

审计人员完成了审计外勤工作，现在要开始编写审计报告。审计人员编写审计报告应该了解相关要求，并且明确编写步骤和方法。

一、编写审计报告的要求

审计报告是根据审计工作底稿和审计备忘录所包含的信息编写的。要达到报告的要求目的，良好的写作是必需的。写作是审计工作最后也是最重要的一环，是审计报告质量好坏的决定因素。《内部审计专业实务标准》指出，审计报告必须客观、清晰、简洁和及时。这些标准是最终审计报告的编写者的共识，成为良好写作的质量特征。

编制审计报告应当遵循以下要求：

1. 客观性

审计报告应以可靠的证据为依据，实事求是地反映审计事项，做出客观、公正的审计结论。

2. 完整性

审计报告应当做到要素齐全，内容完整，不遗漏审计发现的重大事项。

3. 清晰性

审计报告应当做到逻辑性强、突出重点，简明扼要地阐明事实和结论。避免使用不必要的过于专业性和技术性的复杂语言。文字应当通顺流畅，用词准确，避免使用“几个”、“少数”、“大量”等模糊字眼说明情况。

4. 及时性

审计报告应当及时编制，以便尽早发现问题，及时采取有效纠正措施。在保证审计报告质量的前提下，审计报告应当在完成现场审计后尽快编制，经过征求意见和补充修改后分别送达各有关方面。

5. 实用性

审计报告所提供的信息，应当有利于解决经营管理中存在的重要问题，并有助于组织实现预定的目标。

6. 建设性

审计报告不仅应当发现问题和评价过去，而且还应能解决问题和指导未来，应当针对被审计单位经营活动和内部控制的缺陷提出适当的改进建议。

7. 重要性

在形成审计结论与建议时，应充分考虑审计项目相关的风险水平和重要性，对于被审计单位经营活动和内部控制中存在的严重差异和漏洞以及审计风险高的领域应当在审计报告中有重点地详细说明。同时，内部审计人员还要考虑被审计单位接受审计建议、采取相应措施的成本与效益关系。

二、编制审计报告的步骤

审计报告的编写是一个系统的过程，主要涉及以下几个步骤的工作内容，如图 8–2 所示。

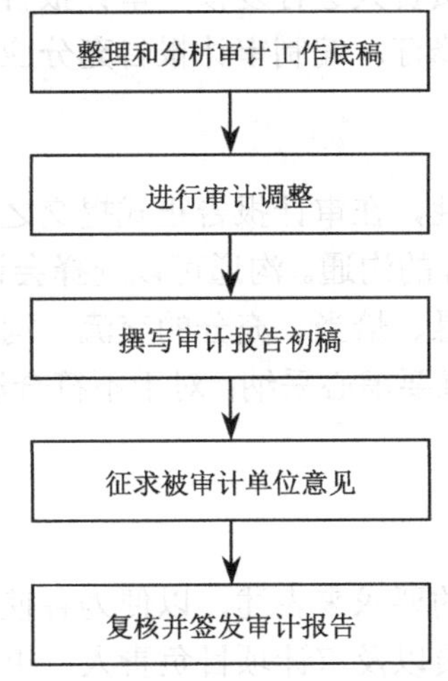

图 8–2 编制审计报告的主要工作步骤

1. 整理和分析审计工作底稿

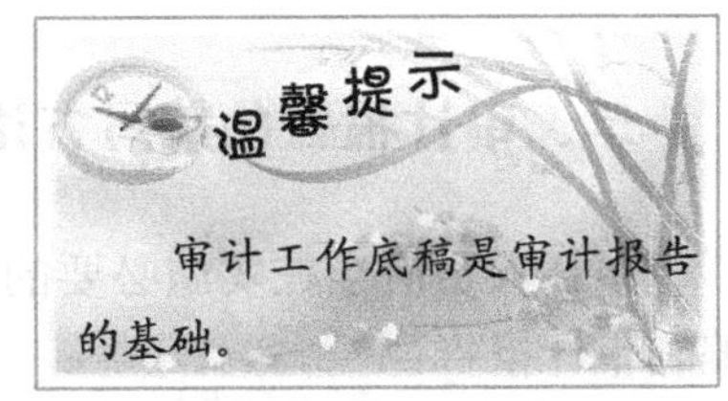

在现场审计过程中，审计人员所编制的审计工作底稿是分散的、不系统的。编写审计报告时，审计人员应根据委托审计的目的、要求，对审计工作底稿进行整理和分析，全面总结审计工作。审计小组的每位成员都应整理好自己的审计工作底稿，着重列举审计中所发现的问题。审计项目负责人应对全部审计工作底稿中的记录、证据和有关结论，进行检查、复核和分析，也可召开汇报讨论会。检查和复核审计工作底稿，应仔细审阅、检查审计工作是否严格遵守了审计准则要求，被审计单位的会计核算是否能使审计人员按专业要求进行审计并形成有效的审计工作底稿。通过对工作底稿的检查、复核、分析和筛选，按照重要性原则提炼出有价值的资料，形成初步的审计结论，作为编写审计报告的基础。对审计工作底稿进行整理和分析的情况，也应当在审计工作底稿中予以记录和说明。

2. 进行审计调整

在整理和分析审计工作底稿的基础上，审计人员应向被审计单位介绍审计情况、初步结论和对于会计事项、报表项目的调整意见，就各种相关经济活动或财务收支方面的问题，提请被审计单位加以调整。例如，审计人员发现被审计单位账务收支账实不符、账账不符或账表不符时，应提请其改正。对于会计处理不当或其他应该调整的事项（如或有损失、期后事

项），应提请被审计单位予以调整，或在审计报告中进行说明。用于公布的审计报告，应附列被审计单位的主要会计报表。除会计报表不需调整者外，审计人员应以被审计单位调整后的会计报表作为附送会计报表。

3. 撰写报告初稿

审计报告初稿由审计项目负责人或者由其授权的审计项目小组其他成员起草。如果由其他人员起草时，应当由审计项目负责人进行复核。审计报告初稿应当在审计项目小组进行讨论，并根据讨论结果进行适当的修订。编制审计报告充分应当体现审计报告的质量要求。

4. 征求被审计单位意见

为确保审计的客观性和公正性，在审计报告正式提交之前，审计项目小组应该与被审计单位及其相关人员进行及时、充分的沟通。沟通可以选择会议形式或个人交谈形式。沟通时，应注意沟通技巧，进行平等、诚恳、恰当、充分的交流。沟通过程中如果被审计单位所提出的意见有理有据，审计项目小组就要虚心采纳；对于不符合法规要求的意见，则要坚持原则，耐心解释并予以拒绝。

5. 复核并签发审计报告

审计报告必须按照审计准则的要求来表述，以便为各使用者所理解。审计报告完稿后，应经过被授权的审计项目小组成员以及审计项目负责人、审计机构负责人等相关人员进行严格的复核和适当的修订。审计项目负责人的复核，主要对审计报告的意见及审计证据的充分性与适当性进行检查，确保出具的审计报告客观、公正和实事求是。审计报告经审核、修改定稿并签署审计意见后，报送有关方面。

三、审计报告的编写方法

> 温馨提示
>
> 本部分介绍的编写方法主要适用于内部审计报告。

审计人员应当在实施必要的审计程序后，采用以下方法编制审计报告：

（1）考虑审计报告使用者的各种合理需求。有些事项或后续审计结果与本次审计结论没有直接关系或关系不重要，但需审计人员向报告收件人（如组织管理当局）反映提请关注，此类事项和情况应适当写入审计报告。

（2）审计报告应反映被审计单位的相关成绩。对被审计单位的突出业绩应当在审计报告中予以适当说明。

（3）如果审计计划或实施有改进的，应在报告中有所体现。由于受到审计目标和准备工作的制约，或受到审计过程中新发生情况的影响，审计范围可能与年度审计计划或最初拟定的范围不一致，必要时可在审计报告中指出所改进的计划与所采取的行动。

（4）针对被审计单位存在的问题，审计报告中应揭示导致问题产生的外部不利因素的影响。

（5）审计报告应当采用正面的、积极的语言。对审计过程中揭示的消极的审计发现，在不损害审计独立性和声誉的前提下，应当充分考虑被审计单位的意见以及可能对其造成的不利影响，客观准确地以被审计单位可接受的语言写入审计报告。

（6）审计报告可以适当运用图表和脚注，以增强灵活性，快速准确直观地揭示和传递提供审计信息。

项目总结

审计报告是审计人员在实施审计工作后，向审计委托人或授权人提出的，反映审计结果，阐明审计意见和建议的书面文件。撰写审计报告是审计人员的重要职责。审计报告有着重要作用，是审计委托（委派）人作出审计决定的依据，是具有法定证明效力的证明文件，可以明确审计人员责任的重要资料，也是评价审计人员工作质量的重要尺度，并且是社会有关人士作出决策和被审计单位改进工作的重要依据。

审计报告可以按不同的标准进行分类。审计报告按审计主体可划分为内部审计报告和外部审计报告；按审计内容和范围可划分为财政财务审计报告、财经法纪审计报告、经济效益审计报告和经济责任审计报告；按详略程度可划分为简式审计报告和详式审计报告。另外，审计报告还有其他多种分类方法，有助于人们在实践中从不同角度认识审计工作。

审计组织和人员应根据审计法及审计准则的规定，运用适当的程序和方法编写审计报告、复核审定审计报告、出具审计意见和作出审计决定。

参 考 文 献

[1] 中华人民共和国财政部．企业会计准则[M]．北京：经济科学出版社，2006．

[2] 中华人民共和国财政部．企业会计准则——应用指南[M]．北京：中国财政经济出版社，2006．

[3] 郭艳萍．审计学原理与案例[M]．北京：中国时代经济出版社，2009．

[4] 李凤鸣．审计学原理[M]．3版．上海：复旦大学出版社，2006．

[5] 张雪梅，张欣．审计学[M]．北京：中国市场出版社，2009．

[6] 牛慧．审计学原理[M]．2版．北京：中央广播电视大学出版社，2003．

[7] 赵保卿．审计案例研究[M]．3版．北京：中央广播电视大学出版社，2010．

[8] 宫相荣，耿金岭．审计基础知识[M]．2版．北京：中国财政经济出版社，2009．

附录　审计基础与实务习题集

项目一 习 题

一、单项选择题（请将最佳选项代号填在括号中）

1. 按审计主体的分类包括（　　）。

A. 事前审计　B. 内部审计　C. 预告审计　D. 全部审计

2. 强制审计也称法定审计，是指（　　）根据国家法律、法规所进行的审计。

A. 内部审计　B. 联合审计　C. 民间审计　D. 政府审计

3. 事前审计能起到防患于未然的作用，故也称为（　　）。

A. 预防审计　B. 政府审计　C. 内部审计　D. 联合审计

4. 审计准则又称（　　），是审计工作质量的权威性判断标准。

A. 审计假设　B. 审计依据　C. 审计标准　D. 专业标准

5. 在审计过程中，如遇低层次的规定与高层次的规定相抵触时，应以（　　）的规定为标准，作出判断和评价。

A. 审计目标　B. 审计依据　C. 审计准则　D. 审计任务

6. 各种审计依据都有一定的（　　），不是任何时期和条件下都能适用的。

A. 地域性　B. 相关性　C. 局限性　D. 时效性

7. 我国已从（　　）开始实施独立审计基本准则。

A. 1993 年 1 月　B. 1994 年 1 月　C. 1995 年 1 月　D. 1996 年 1 月

8. 内部审计与会计审查之间的关系是（　　）。

A. 隶属关系　B. 并列关系　C. 交叉关系　D. 取代关系

9. 我国审计机关实行双重领导体制，对（　　）负责并向其报告工作。

A. 本级人民政府和本级人民代表大会

B. 上级审计机关和本人民政府

C. 本级人民政府和纪律检查委员会

D. 上级审计机关和本级人民代表大会

10. 独立审计实务公告不适用于（　　）。

A. 一般的审计业务　B. 特殊行业的审计业务

C. 特殊目的的审计业务　D. 特殊性质的审计业务

二、多项选择题（每题有两个或两个以上的答案，请将正确选项代号填在括号中）

1. 政府审计的概念包括要素有（　　）。

A. 审计主体　B. 审计的客体　C. 审计的性质　D. 审计的调整

2. 审计的独立性具体包括（　　）。

A. 经济独立　　B. 机构独立　　C. 人员独立　　D. 工作独立

3. 我国审计体系由（　　）所构成。

A. 政府审计　　B. 合资审计　　C. 民间审计　　D. 内部审计

4. 按审计主体分类，可将审计分为（　　）。

A. 政府审计　　B. 民间审计　　C. 内部审计　　D. 全部审计

5. 按实施审计时间划分，可将审计分为（　　）。

A. 突击审计　　B. 事前审计　　C. 事中审计　　D. 事后审计

6. 审计准则的作用有（　　）。

A. 为审计人员提供了规范和指南

B. 为审计组织管理部门评价审计工作质量提供了衡量标准

C. 有利于维护社会公众和审计人员的合法权益

D. 可以提高审计工作的地位

7. 评价内部控制制度健全性、有效性的审计依据主要有（　　）。

A. 规章制度　　B. 内部会计控制制度

C. 内部管理制度　　D. 业务规范和技术经济标准

8. 审计人员运用依法审计原则时，当遇到问题，特别是地方法规与国家法规发生矛盾时，应坚持（　　）。

A. 慎重处理　　B. 利益兼顾　　C. 真实可靠　　D. 有法可依

三、判断题（正确的打“√”，错误的打“×”）

1. 1994 年 1 月 1 日，《中华人民共和国审计法》开始实施。（　　）
2. 政府审计在我国又称国家审计。（　　）
3. 全部审计一般适用于业务复杂、规模较大、会计资料较多的企事业单位。（　　）
4. 审计准则是通过审计人员执行审计程序体现出来的。（　　）
5. 内部审计制度成为评价内部控制制度健全性和有效性的依据。（　　）
6. 法规层次越高，其覆盖面就越小，适用性却越强。（　　）
7. 我国审计准则与国际审计准则不完全一致。（　　）
8. 审计程序中的报告阶段是审计基本程序中的重点阶段。（　　）
9. 社会审计可代替企业内部审计。（　　）
10. 会计责任不等同于审计责任。（　　）

四、简答题

1. 什么是审计？审计的性质是什么？

2. 审计准则的含义及作用有哪些？

3. 审计的种类有哪些？

项目二　习　　题

一、单项选择题（请将最佳选项代号填在括号中）

1. 审计人员收集的审计证据的数量能足以证明被审计事项的真相，体现了审计证据的（　　）。

A. 充分性　　B. 可信性　　C. 重要性　　D. 真实性

2. 在审计抽样使用系统抽样法时，从1 200张凭证中抽取30张凭证作为样本进行审查，则抽样间隔为（　　）。

A. 30　　B. 40　　C. 50　　D. 60

3. 审计证据的（　　），即审计证据必须与审计监督内容的范围有关，与被审计事项有关。

A. 客观性　　B. 相关性　　C. 合法性　　D. 经济性

4.（　　）是指以实物形态来证明被审计事物真相的证据。

A. 环境证据　　B. 加工证据　　C. 书面证据　　D. 实物证据

5.（　　）是指审计人员在审计过程中随时可以获得的，不需要加工就能证明被审计事项真相的证据。

A. 基本证据　　B. 辅助证据　　C. 自然证据　　D. 加工证据

6.（　　）是对被审计事物有间接证明作用，有助于证明被审计事项真相的证据。

A. 直接证据　　B. 辅助证据　　C. 自然证据　　D. 加工证据

7. 下列证据中属于实物证据的有（　　）。

A. 现金盘点　　B. 会计凭证　　C. 会计账簿　　D. 会计报表

8.（　　）是指审计人员当期审计工作中收集或编制的内容经常变动，只供当期使用的审计工作底稿。

A. 永久性工作底稿　　B. 临时性工作底稿

C. 长期性工作底稿　　D. 中期工作底稿

9.（　　）的业务属于不相容职务。

A. 经理和董事　　B. 保管员与车间主任

C. 记录日记账和记录总账　　D. 采购员和供销科科长

二、多项选择题（每题有两个或两个以上的答案，请将正确选项代号填在括号中）

1. 审计的基本方法是进行各种审计通用、普遍的方法，包括（　　）。

A. 审计审查　　B. 审计分析　　C. 审计调整结论　　D. 审计报告

2. 审阅法的审计范围应包括（　　）。

A. 凭证　B. 账簿　C. 报表　D. 计划

3. 在审计方法中，证实客观事务的方法有（　　）。

A. 分析法　B. 审阅法　C. 盘存法　D. 调节法

4. 按审计证据的表现形式分类，可分为（　　）。

A. 实物证据　B. 书面证据　C. 口头证据　D. 基本证据

5. 按审计证据的来源分类，可分为（　　）。

A. 亲历证据　B. 环境证据　C. 外部证据　D. 内部证据

6. 下列属于实物证据的有（　　）。

A. 库存现金　B. 有价证券　C. 应收账款　D. 存货

7. 下列属于书面证据的有（　　）。

A. 会计凭证　B. 账簿　C. 会计报表　D. 合同

8. 内部控制制度的内容有（　　）。

A. 授权批准控制　B. 目标计划控制

C. 文学记录控制　D. 信息质量控制

9. 职务分离控制主要包括（　　）。

A. 经营责任与会计责任相分离　B. 资产保管与会计相分离

C. 授权与执行相分离　D. 目标计划控制

10. 人员素质控制中的人员素质包括（　　）。

A. 思想品德　B. 职业道德　C. 业务素质　D. 专业技能

11. 审计程序一般包括（　　）。

A. 准备阶段　B. 实施阶段　C. 报告阶段　D. 复审阶段

12. 审计的准备阶段主要包括（　　）。

A. 明确审计任务　B. 组织审计力量

C. 了解基本情况　D. 拟定审计工作方案、下达审计通知书

三、判断题（正确的打“√”，错误的打“×”）

1. 审计人员在进行盘存清点时，只能运用直接盘存法。（　　）

2. 若被审计单位的内部控制制度比较健全、科学和合理，并一贯执行且有效，则可采用抽查法。（　　）

3. 比较方法只能进行绝对数比较。（　　）

4. 审计证据的数量越多越好。（　　）

5. 审计计划属于永久工作底稿。（　　）

6. 银行对账单是内部审计证据。（　　）

7. 为了提高工作效率，减少工作环节，会计和出纳可由一人承担。（　　）

8. 内部控制制度描述方法有文字表述法和流程图法两种形式。（　　）

9. 在调查表中，“否”表示否定该内部控制制度。（　　）

10. 在调查表中，“不适用”表示否定该项内部控制制度。（　　）

四、简答题

1. 简述审计方法的体系。

2. 什么是审计证据？审计证据有哪些特征？

3. 什么是审计工作底稿？按形式审计工作底稿可分为哪些类型？

4. 审计程序有哪些？每个程序的工作内容是什么？

项目三 习 题

一、单项选择题（请将最佳选项代号填在括号中）

1. 某公司银行账户的银行对账单余额为 585 000 元，在审查该公司编制的银行存款余额调节表时，审计人员注意到以下事项：该公司已收、银行尚未入账的 A 公司销货款 100 000 元；该公司已付、银行尚未入账的预付 B 公司材料款 50 000 元；银行已收、该公司尚未入账的 C 公司退回的押金 35 000 元；银行已代扣、该公司尚未入账的水电费 25 000 元。假定该公司银行存款日记账不存在错误，则注册会计师审计后确认该账户的银行存款日记账余额应是（　　）元。

A. 625 000　　B. 635 000　　C. 575 000　　D. 595 000

2. 某公司银行账户的银行存款对账单余额与银行存款日记账余额不符，审计人员应当执行的最有效的审计程序是（　　）。

A. 重新测试相关的内部控制

B. 审查银行对账单中记录的该账户资产负债表日前后的收付情况

C. 审查银行存款日记账中记录的该账户资产负债表日前后的收付情况

D. 审查该账户的银行存款余额调节表

3. 下列工作中，出纳人员可以从事的工作是（　　）。

A. 会计档案保管

B. 记录收入、支出、费用的明细账

C. 记录银行存款、现金日记账

D. 编制银行存款余额调节表

4. 某公司采购了一项大型设备（金额重大），采购已批准，验收后需要付款，下面有关支付的内部控制最适当的是（　　）。

A. 由采购员确定是否支付

B. 由出纳根据银行存款存量确定何时支付

C. 由采购部经理确定审批

D. 由经理会议审批

5. 下列不符合《现金管理暂行条例》的选项是（　　）。

A. 单位应当加强现金库存的管理，超过库存限额的现金应及时存入银行

B. 单位现金收入应当及时存入银行，如果存在紧急使用资金的情况可以从收入的现金中直接支付

C. 单位应当定期检查、清理银行账户的开立及使用情况，发现问题要及时处理

D. 单位应当定期和不定期地进行库存现金盘点

6. 下列审计程序中属于银行存款控制测试的是（　　）。
   A. 核对银行存款日记账与总账的余额是否相符
   B. 检查是否存在未入账的利息收入和利息支出
   C. 抽取一定期间银行存款余额调节表，查验其是否按月正确编制并经复核
   D. 对未质押的定期存款，检查开户证实书原件

7. 下列不属于银行存款函证涉及内容的是（　　）。
   A. 客户的银行贷款余额
   B. 本期银行存款增减净额
   C. 银行存款余额为零的账户
   D. 被审计单位为其他单位提供的、以银行为担保受益人的担保

8. 下列货币资金内部控制中，存在重大缺陷的是（　　）。
   A. 财务专用章由专人保管，个人名章由本人或其授权人员保管
   B. 对重要货币资金支付业务，实行集体决策
   C. 现金收入及时存入银行，特殊情况下，经主管领导审查批准方可坐支现金
   D. 指定专人定期核对银行账户，每月核对一次，编制银行存款余额调节表，使银行存款账面余额与银行对账单调节相符

9. 监盘库存现金是证实被审计单位资产负债表所列现金是否存在的一项重要程序，被审计单位必须参加盘点的人员是（　　）。
   A. 会计主管人员和内部审计人员　　B. 出纳员和会计主管人员
   C. 现金出纳员和财务经理　　D. 出纳员和财务总监

10. 下列对函证银行存款的处理正确的是（　　）。
   A. 审计人员委托出纳将函证信送交银行
   B. 对存款余额为零的开户银行也要进行函证
   C. 对存款余额较小的开户行采用消极式函证
   D. 函证银行存款的同时，不需要对银行借款和借款抵押的情况进行函证

二、多项选择题（每题有两个或两个以上的答案，请将正确选项代号填在括号中）

1. 下列各项审计程序中属于控制测试程序的有（　　）。
   A. 函证所有银行存款账户余额
   B. 盘点库存现金，并倒挤出期末截止日库存现金的真正余额
   C. 抽取大额现金支票存根，检查是否都经签字批准
   D. 检查银行存款收支是否按规定的程序和权限办理

2. 下列描述的情形中，属于银行存款函证内容的有（　　）。
   A. 银行贷款余额　　B. 各银行存款账户余额
   C. 银行贷款担保或抵押情况　　D. 各银行存款户性质

3. 在下列各项审计程序中，能够证实银行存款是否存在的有（　　）。
   A. 检查银行存款余额调节表
   B. 计算银行存款累计余额应收利息收入
   C. 函证银行存款余额

D. 计算存放于非银行金融机构的存款占银行存款的比例

4. 审计人员寄发的银行询证函（　　）。

A. 是以被审计单位的名义发往开户银行的

B. 属于积极式、有偿询证函

C. 要求银行直接回函至会计师事务所

D. 包括银行存款和借款余额

5. 在监盘现金时，下列处理方式不恰当的有（　　　）。

A. 监盘应采用预告方式进行

B. 监盘时应有出纳人员在场

C. 监盘表只能由出纳人员签字，以明确责任

D. 注册会计师亲自盘点

三、判断题（正确的打“√”，错误的打“×”）

1. 如果现金盘点不是在资产负债表日进行的，审计人员应将资产负债表日至盘点日的收付金额调整至盘点日金额。（　　）

2. 企业银行存款账户余额为零时，审计人员不必进行函证。（　　）

3. 向银行函证企业的银行存款，不仅可以证实企业银行存款的真实性，而且可以核实企业银行借款的完整性。（　　）

4. 审查银行存款收支的正确截止，其操作方法是抽查资产负债表日之前若干天的银行存款收支凭证实施截止测试，关注业务内容及对应项目，如有跨期收支事项，应考虑是否提出调整建议。（　　）

5. 为证实银行存款记录的正确性，审计人员必须抽取一定期间的银行存款余额调节表，将其与银行对账单、银行存款日记账及总账进行核对，确定被审计单位是否按月正确编制并复核银行存款余额调节表。（　　）

四、案例分析题

审计人员在审查升达公司银行存款账时，发现该厂2011年11月30日银行存款日记账的账面余额为84 400元，银行对账单余额为83 000元。审计人员经过逐笔核对，发现下列情况：

（1）11月2日企业开出转账支票一张，金额3 200元，银行对账单上无此记录。

（2）11月8日银行对账单上收到外地汇款30 000元，该厂日记账上无此记录。

（3）11月14日银行付出1 800元，经查系采购员刘某不慎遗失空白转账支票，被人冒用所购物品的款项。

（4）11月16日银行付出28 400元，该厂日记账上无此记录。

（5）11月20日银行付出现金1 600元，该厂日记账上无此记录。

（6）11月30日该厂银行存款日记账存入转账支票一张，计2 800元，银行对账单上无此记录。

根据上述资料，对该公司银行存款管理上存在的问题提出改进意见，编制银行存款余额调节表。

项目四 习 题

一、单项选择题（请将最佳选项代号填在括号中）

1. 购货与付款循环中的主要业务活动以（　　）为起点。

A. 编制订购单　B. 请购商品　C. 验收商品　D. 编制付款凭单

2. 以下（　　）计入外购存货的采购成本，审计人员应提请被审计单位调整。

A. 买价　B. 运杂费

C. 运输途中合理损耗　D. 可以抵扣的增值税进项税额

3. 根据有关规定，对于取得合法运输费发票的，增值税一般纳税人可以按运输费的（　　）计列增值税的进项税额。

A. 17%　B. 13%　C. 10%　D. 7%

4. 审计人员审查一般纳税人收购免税农产品时注意所使用的扣除率计算的进项税是否正确，扣除率现规定为（　　）。

A. 17%　B. 13%　C. 10%　D. 7%

5. 如果被审计单位经确认为增值税小规模纳税人，以下（　　）计入其外购存货的采购成本，审计人员应提请被审计单位调整。

A. 买价　B. 运杂费

C. 入库后挑选整理费用　D. 增值税进项税额

6. 如果企业对材料的核算采用计划成本计价，设（　　）账户，审计人员可认为此项不合规。

A. "原材料"　B. "材料采购"

C. "在途物资"　D. "材料成本差异"

7. 审计人员应注意审查被审计单位对确实无法支付的应付账款是否按规定转入了（　　）账户，相关依据和有关手续是否完备。

A. "资本公积"　B. "营业外收入"　C. "营业收入"　D. "其他业务收入"

8. 审计人员应检查带有现金折扣的应付账款是否按发票上记载的全部应付账款金额入账，待实际获得现金折扣时再冲减（　　）项目。

A. 财务费用　B. 管理费用　C. 销售费用　D. 制造费用

9. 对应付账款进行函证，最好采用（　　）形式，并说明具体应付金额。

A. 否定式　B. 反面式　C. 消极式　D. 肯定式

10. 一般来说，"应付账款"项目应根据"应付账款"和（　　）科目所属明细科目的期末贷方余额的合计数填列。

A. "应收账款"　B. "预收账款"　C. "预付账款"　D. "其他应付款"

二、多项选择题（每题有两个或两个以上的答案，请将正确选项代号填在括号中）

1. 购货与付款循环中的主要业务活动有（　　）。

A. 请购商品　　B. 验收商品

C. 编制付款凭单　　D. 确认与记录负债

2. 购货与付款业务的授权审批主要集中的控制点有（　　）。

A. 购货预算批准　　B. 采购价格授权

C. 付款授权　　D. 会计记录授权

3. 以下购货与付款业务中需要适当分离的职务有（　　）。

A. 请购与审批　　B. 询价与确定供应商

C. 付款审批与付款执行　　D. 采购与验收

4. 购货与付款循环涉及的主要原始凭证包括（　　）。

A. 供应商发票　　B. 订购单　　C. 验收单　　D. 付款凭单

5. 审查存货采购成本时，允许计入外购存货采购成本的项目有（　　）。

A. 购货价格　　B. 允许抵扣的增值税进项税额

C. 不允许抵扣的增值税进项税额　　D. 采购费用

6. 审计人员应对被审计单位采购费用的真实性、合法性和正确性进行审查，按规定可以计入存货的采购成本，采购费用包括（　　）。

A. 运杂费　　B. 运输途中的合理损耗

C. 采购人员的差旅费　　D. 入库前的挑选整理费用

7. 审计人员应分析被审计单位对外购存货核算设置的账户是否合规，如材料物资按实际成本计价时应设置的总分类账户有（　　）。

A. “在途物资”　　B. “原材料”　　C. “材料采购”　　D. “周转材料”

8. 应付账款实质性测试的程序有（　　）。

A. 获取或编制应付账款明细表

B. 对应付账款明细余额进行分析并作必要的重新分类

C. 函证应付账款查找未入账的应付账款

D. 审查应付账款是否已在会计报表及附注中得到恰当披露

9. 对应付账款进行函证时，审计人员一般应选择（　　）进行函证。

A. 金额较大的债权人

B. 在资产负债日债务金额不大甚至为零，但债权人是企业重要的供货商

C. 向上一年度供过货而本年度没有供货的供应商

D. 没有按月寄送对账单的供应商

10. 审计人员对未能函证、期末余额变动较大以及函证未果的应付账款明细账户可以采取的替代程序有（　　）。

A. 检查决算日后应付账款明细账及现金和银行存款日记账，核对其是否已支付

B. 检查该笔债务的相关凭证资料，核实交易事项的真实性

C. 再次函证

D. 采用调节法消除未达账项的影响

三、判断题（正确的打“√”，错误的打“×”）

1. 购货与付款业务循环是指企业从外部购进商品或劳务以及由此产生的已付或未付货款的业务过程。 （ ）

2. 购货与付款业务中，采购与验收可以由同一人或同一部门完成。 （ ）

3. 存放商品的仓储区应相对独立，限制无关人员接近。 （ ）

4. 购货价格是指企业购入材料物资的购货发票上所列明的价款，包括按规定可以抵扣的增值税进项税额。 （ ）

5. 增值税一般纳税人可以按运杂费的7%计列增值税的进项税额。 （ ）

6. 运输途中的全部损耗由最终入库的存货成本来负担。 （ ）

7. 被审计单位将外购物资入库后发生的挑选整理费用计入采购成本，审计人员予以认可。 （ ）

8. 如果被审计单位经确认为增值税小规模纳税人，其采购货物支付的增值税计入所购货物的采购成本。 （ ）

9. 对应付账款函证最好采用否定形式，并具体说明应付金额。 （ ）

10. 一般情况下，应付账款不需要函证，因为函证不能保证查出未记录的应付账款。 （ ）

四、案例分析题

1. 审计人员在审查某公司材料采购业务时，发现有一笔业务的处理如下：

从外地采购一批钢材，共50吨，取得增值税专用发票，价款150 000元，增值税25 500元，运杂费5 800元，采购过程中发生采购人员差旅费1 200元（采购人员垫付）。财务部门首先进行如下账务处理：

（1）根据增值税专用发票和差旅费报销单据、支票存根联等原始凭证将买价和采购人员差旅费计入钢材成本：

借：原材料——原料及主要材料——钢材　　151 200

　　应交税费——应交增值税（进项税额）　　25 500

　　贷：银行存款　　175 500

　　　　库存现金　　1 200

（2）根据取得的运杂费有关单据将运杂费计入管理费用：

借：管理费用　　5 800

　　贷：银行存款　　5 800

入账后，仓库部门组织钢材验收入库，发现钢材短缺 20 千克，经查属于运输途中的合理损耗，仓库将材料入库验收单转给财务部门。

请根据以上材料，回答以下问题：

（1）分析该公司材料采购环节内部控制制度存在的问题。

（2）对公司该笔材料采购业务的会计处理提出审计意见，并对错误作出调整（不考虑运输费的增值税抵扣）。

2. 审计人员在审阅华运公司 2012 年应付账款明细账时，发现 6 月 5 日第 20 号凭证有一笔应付账款增加 58 500 元的业务，追查第 20 号凭证，会计分录为：

借：材料采购　　50 000

　　应交税费——应交增值税（进项税额）　　8 500

　　贷：应付账款——A 公司　　58 500

所附原始凭证为供货单位发票一张，合同一份。合同规定付款为一个月，如在 10 天内付款，可享受 20%的现金折扣。

6 月 6 日第 38 号凭证又有一笔应付账款偿还 58 500 元的业务，会计分录为：

借：应付账款——A 公司　　58 500

　　贷：银行存款　　48 500

　　　　库存现金　　10 000

一笔业务为何用两种结算方式，请指出存在的问题，提出审计建议并作出调账分录。

3. 审计人员于 2012 年年初审查某公司 2011 年度应付账款业务时，发现如下两项未列入决算日前的应付账款业务：

（1）2011 年 12 月 25 日，由供货商开出的发货票，金额为 1 000 元，并发出原材料。购货合同规定为起运点交货。公司于 2012 年 1 月 5 日收到发货票，并验收入库，登记入账。

（2）2011 年 12 月 28 日，由广告公司开来的广告费用 20 000 元，因公司当时无款，拖至 2012 年 1 月 15 日才支付，并于付款当日入账。

请根据以上资料，审查上述两项业务的会计处理是否需要调账？如不需调账，理由是什么？如需调账，应当如何调整？

项目五　习　题

一、单项选择题（请将最佳选项代号填在括号中）

1. 生产循环的起点是（　　）。

A. 请购原材料　B. 发出原材料　C. 生产产品　D. 储存产成品

2. 审计人员发现（　　）计入生产成本，应提请被审计单位调整。

A. 生产产品领用的原材料　B. 根据生产工人工资计提的福利费

C. 行政管理人员工资　D. 车间管理部门的水电费

3. 不属于制造费用审查范围的是（　　）。

A. 捐赠支出　B. 折旧费

C. 车间机物料消耗　D. 车间管理人员工资

4. 如果被审计单位采用约当产量法计算在产品成本，审计人员应关注期末在产品的（　　）。

A. 计价方法　B. 完工程度　C. 质量　D. 数量

5. 采用约当产量法计算在产品成本时，影响在产品成本中直接材料成本的因素是（　　）。

A. 领用材料的数量　B. 材料的计价方式

C. 投料方式　D. 在产品完工程度

6. 为了确保存货盘点结果的准确性，审计人员应进行必要的抽验，一般抽验的数量不低于存货数量的（　　）。

A. 5%　B. 7%　C. 10%　D. 15%

7. 企业计提存货跌价准备时，借记（　　）账户，审计人员予以认可。

A. "资产减值损失"　B. "存货跌价准备"

C. "管理费用"　D. "营业外支出"

8. 以下不应在资产负债表"存货"项目列示其金额的是（　　）。

A. 原材料　B. 工程物资　C. 周转材料　D. 委托加工物资

9. 会计期末，当存货的成本低于可变现净值时，企业将（　　）账户的余额冲减为零，审计人员予以认可。

A. "资产减值损失"　B. "存货跌价准备"

C. "管理费用"　D. "营业外支出"

10. 审计人员在对应付职工薪酬审计过程中，发现"应付职工薪酬"科目核算的下列内容中有误的是（　　）。

A. 管理人员工资　B. 企业承担的生产工人医疗保险费

C. 为管理层提供非货币性福利　D. 离退休人员工资

二、多项选择题（每题有两个或两个以上的答案，请将正确选项代号填在括号中）

1. 以下属于生产循环涉及的主要业务活动有（　　）。
A. 计划与安排生产　　B. 生产产品
C. 核算生产成本　　D. 储存产成品

2. 以下属于服务循环涉及的主要业务活动有（　　）。
A. 雇用员工　　B. 编制出勤和计时资料
C. 编制工资费用分配表　　D. 支付工资和保管未领工资

3. 生产循环涉及的职务分离包括（　　）。
A. 采购与验收　　B. 产成品的验收与产成品的制造
C. 产成品的保管与记录　　D. 生产计划的编制和审批

4. 应付职工薪酬的种类包括（　　）。
A. 计时和计件工资　　B. 职工福利费
C. 职工社会保险费　　D. 非货币性福利

5. 纳入企业存货核算范围，审计人员予以认可的项目有（　　）。
A. 库存商品　　B. 包装物　　C. 生产成本　　D. 委托加工物资

6. 遵循会计准则规定，企业基本生产车间固定资产的修理费计入（　　）账户，审计人员应提请被审计单位调整。
A. “制造费用”　　B. “管理费用”
C. “生产成本——基本生产成本”　　D. “生产成本——辅助生产成本”

7. 在进行成本开支范围审计时，要比较前后各期及本年度内各月的（　　）指标，以确定其合理性。
A. 销售费用　　B. 直接材料　　C. 直接人工　　D. 制造费用

8. 下列支出中，属于成本开支范围的项目是（　　）。
A. 生产工人工资　　B. 生产过程耗用的原材料
C. 车间使用的固定资产计提的折旧　　D. 车间管理部门的电话费

9. 审查直接人工费用需要依据的资料主要有（　　）。
A. 工资结算表　　B. 考勤表
C. 工资费用分配表　　D. 职工工资等级

10. 以下不包括在工资总额内发给职工的款项有（　　）。
A. 工资　　B. 奖金　　C. 退休费　　D. 医药费

三、判断题（正确的打“√”，错误的打“×”）

1. 成本开支范围是国家根据成本的客观经济内涵、国家的分配方针和企业实行独立经济核算要求而规定的。（　　）

2. 无论原材料是否在生产开始时一次性投入，原材料与工资及其他费用均可以按同一完工程度折合，否则就会少计在产品的原材料成本。（　　）

3. 存货的记录和保管职务应当分离。（　　）

4. 制造费用和直接材料、直接人工一样，可以直接计入产品成本。（　　）

5. 工业企业在产品数量很少，对于完工产品成本影响不大时，在产品成本可以按年初

固定数计算。 （ ）

6. 生产成本及主营业务成本倒轧表是用来确定生产成本的。 （ ）

7. 审查应付职工福利费时，应重点审查其是否一定按比例在企业税后留存利润中按期提取。 （ ）

8. 审计人员应分析被审计单位对生产费用在完工产品与在产品之间的分配方法是否科学合理、简便易行，是否存在任意提高或压低期末在产品成本，进而人为调节当期完工产品成本水平的行为。 （ ）

9. 审计人员审查原材料发出的账务处理是否正确，如为超支差，应借记“材料成本差异”，贷记“生产成本、制造费用、管理费用”等账户；如为节约差，则作相反的会计处理。 （ ）

10. 仓库内有已办理提货手续，但购货方尚未提货的材料物资纳入资产负债表“存货”项目列示，审计人员予以认可。 （ ）

四、案例分析题

1. 练习材料按实际成本计价时，发出材料的审计。

2011 年 10 月初审计人员审查某公司基本生产用 A 材料的明细账时，发现以下问题：该公司采用月末一次加权平均法计算结转耗用存货成本，9 月初结存 A 材料 10 000 公斤，金额 30 000 元，本月购入 A 材料 40 000 公斤，金额总计 100 000 元。本月只领用 A 材料一批 20 000 公斤，结转成本为 60 000 元。审计人员按照明细账上记录的凭证编号审阅发出 A 材料的记账凭证，该公司的会计处理为：

借：生产成本 60 000

　贷：原材料——A 材料 60 000

审计人员又追查了后附的原始凭证，进行证证核对，发现发出的这批 A 材料是用于当月新购买的 R—H 型设备的安装工程。

根据上述资料，作出审计评价，并调整账项。

2. 练习材料按计划成本计价时，发出材料的审计。

审计人员张正在审查某企业当月材料发出业务时发现，本月该企业生产领用 B 材料的计划成本 3 000 000 元，车间一般耗用 1 000 000 元，本月份材料成本差异率为−2.5%。有关账务处理如下：

（1）结转发出材料计划成本时：

借：生产成本 3 000 000

　制造费用 1 000 000

　贷：原材料——B 材料 4 000 000

（2）结转发出材料成本差异时：

借：生产成本 100 000

　贷：材料成本差异 100 000

请根据上述资料指出上述记录存在的问题，并提出当月账项调整建议。

3. 练习产品成本计算的审计。

审计人员审查某厂2011年12月的成本计算单时，发现下列问题：

（1）12月31日已领而未用材料17 000元，经查并没有办理材料退库手续。

（2）制造费用中修理费用5 200元，经查为在建工程所用。

月末完工产品800件，在产品400件，原材料在生产开始时一次投料，在产品加工程度为50%，该单位自编成本计算表如下。

产品成本计算表

（单位：元）

成本项目	生产费用合计	产品成本	在产品成本
直接材料	150 000	100 000	50 000
直接人工	18 000	14 400	3 600
制造费用	22 000	17 600	4 400
合计	190 000	132 000	58 000

经查完工产品入库为1 000件，并非800件，在产品数量、投料程度和加工程度正确。

请根据以上资料，重编成本计算表，并分析企业的意图。

4. 练习主营业务成本计价方法审计。

审计人员在审查光明公司存货管理中发现：该公司财务人员虽然证实采用全月一次加权平均法计算发出商品成本，但被审计单位上年度11月突然改为先进先出法；并查明由于商品出库计价方法的改变，致使上年度多结转主营业务成本30 000元。

请根据以上资料，分析上述业务，编制调整会计分录。

5. 练习审计技术方法的运用。

审计人员于2012年1月15日对某公司2011年年度决算进了审计。根据公司原材料明细账簿记录，甲材料2011年12月31日账面结存为200 000kg，单价5元。经过审计人员复核，明细账簿记录本身计算无误，并且经过账证核对，确认2012年1月1日至15日共收入甲材料60 000 kg，领用该材料70 000 kg，单价相同。当日，审计人员又对该公司甲材料库房进行监督盘点，确认甲材料当日库存为170 000 kg。

（1）此案例中，审计人员需要运用哪些审计技术方法？

（2）分析该公司甲材料2011年年底库存情况，找出存在的问题及其对“资产负债表”的影响。

6. 练习应付职工薪酬的非货币性福利审计。

审计人员在 2012 年 6 月份对某小家电生产企业进行审计。该公司共有职工 200 名，其中 170 名为直接参加生产的职工，30 名为总部管理人员。2012 年 2 月，B 公司以其生产的每台成本为 900 元的电暖器作为春节福利发放给职工，电暖器售价每台 1 000 元，该公司适用的增值税率为 17%。

经审计发现该公司的有关会计处理如下：

借：生产成本　　170 000

　　管理费用　　30 000

　　贷：应付职工薪酬——非货币性福利　　200 000

请根据以上资料，指出上述会计处理中存在的问题，并作出正确的账项调整。

项目六 习 题

一、单项选择题（请将最佳选项代号填在括号中）

1. 销售与收款循环的起点是（　　）。
A. 接受订单　B. 供货与发运
C. 开具发票　D. 收入货币资金

2. 销售与收款循环的终点是（　　）。
A. 供货与发运　B. 开具发票
C. 收入货币资金　D. 注销坏账和提取坏账准备

3. 销售与收款循环涉及的报表项目不包括（　　）。
A. 主营业务收入　B. 应收账款
C. 所得税费用　D. 销售费用

4. 主营业务收入的实质性测试，应分析主营业务收入的变动情况，应取得或编制（　　），符合加计正确，并与报表数、总账数和明细账合计数核对相符。
A. 主营业务收入项目明细表　B. 主营业务收入明细账
C. 发票存根　D. 合同

5. 为了审查企业已发生的销售业务是否全部登记入账，最有效的做法是（　　）。
A. 只审查银行存款日记账　B. 只审查原始凭证
C. 只审查发货凭证　D. 由原始凭证追查销售日记账

6. 审计人员审查销售发票时，不需要核对的项目是（　　）。
A. 相关的客户订单　B. 相关的销售通知单
C. 相关的往来信函　D. 相关的货运文件

7. （　　）结算方式下，销售收入应按合同约定的收款日期入账。
A. 交款提货　B. 托收承付　C. 分期收款　D. 委托代销

8. 应收账款的函证时间通常为（　　）。
A. 被审计年度期初　B. 在资产负债表日后适当的时间
C. 与资产负债表接近的时间　D. 本审计年度期中

9. 审计人员对应收账款进行函证的目的是（　　）。
A. 确定应收账款发生的时间　B. 确定应收账款能否收回
C. 确定应收账款的真实性、正确性　D. 确定企业是否可能发生坏账

10. 应收账款审查最重要的实质性程序为（　　）。
A. 询问　B. 函证　C. 观察　D. 重新执行

11. 应收账款的函证应由（　　）执行。

A. 被审计单位的领导机构　　B. 被审计单位的财会部门
C. 审计人员　　D. 律师

12. 不属于坏账准备审计目标的是（　　）。
A. 确定计提坏账准备的比率是否恰当
B. 确定坏账准备的内部控制是否健全
C. 确定坏账准备增减变动业务记录是否完整
D. 确定坏账准备在报表上披露是否恰当

二、多项选择题（每题有两个或两个以上的答案，请将正确选项代号填在括号中）

1. 下列属于销售收款循环的业务活动有（　　）。
A. 接受订单　　B. 开具发票
C. 批准赊销　　D. 记录销售业务

2. 销售与收款循环涉及的主要凭证和会计记录有（　　）。
A. 原始凭证类　　B. 记账凭证类
C. 日记账和明细账类　　D. 总账类

3. 销售业务的内部控制制度内容主要包括（　　）。
A. 适当的职责分离　　B. 正确的授权审批
C. 充分的凭证和记录　　D. 凭证的预先编号

4. 主营业务收入的审计目标包括（　　）。
A. 主营业务收入是否全部入账
B. 主营业务收入是否记录于正确的会计期间
C. 主营业务收入的金额记录是否正确
D. 主营业务收入在报表上的列示是否恰当

5. 销售的截止测试应注意把握与主营业务收入确认有密切关系的日期包括（　　）。
A. 发货日期　　B. 开票日期或收款日期
C. 记账日期　　D. 发生坏账日期

6. 对主营业务收入实施截止测试的方法有（　　）。
A. 以账簿为起点，检查发票存根与发运凭证
B. 以销售发票为起点，追查至发运凭证与账簿记录
C. 以发运凭证为起点，追查至发票开具情况与账簿记录
D. 以订单为起点，追查至发票与发运凭证

7. 应收账款函证结果产生差异的原因可能是（　　）。
A. 一方或双方记账差错　　B. 被审计单位计提了坏账准备
C. 双方入账时间不同　　D. 虚列应收账款

8. 适宜采用积极式询证函的情况有（　　）。
A. 欠款金额较大的客户　　B. 可能会存在争议、差错等问题的客户
C. 经常有往来业务的客户　　D. 往来业务较少的客户

9. 同时存在下列情况时，可采用消极式询证函的是（　　）。
A. 相关的内部控制是有效的

B. 预计差错率较低

C. 欠款金额小的债务人数量很多

D. 审计人员有理由确信大多数被函证者能认真对待询证函

10. 审计人员应选择（　　　）作为函证对象。

A. 金额较大的项目　　B. 账龄较长的项目

C. 交易频繁但期末余额较小的项目　　D. 重大或异常的交易

三、判断题（正确的打“√”，错误的打“×”）

1. 销售与收款循环主要是指企业向顾客销售商品并收取价款的过程。（　　）

2. 销售与收款循环的特性主要体现在循环所涉及的主要凭证和会计记录。（　　）

3. 企业发生赊销业务时，要经过审批。（　　）

4. 销售人员可以确定产品的销售价格。（　　）

5. 发生销售折扣、销售折让时要经过审批。（　　）

6. 销售截止测试中，三条审计路线在实务中均被广泛采用，它们并不是孤立的。（　　）

7. 销售折扣、销售退回与销售折让的原因不尽相同，其表现形式也不尽一致，但都是对收入的抵减。（　　）

8. 对大额的应收账款，审计人员一般采用消极式函证予以证实。（　　）

9. 分析应收账款的账龄可以了解应收账款的可收回性，但无助于确定坏账准备计提是否充分。（　　）

10. 应收账款的函证应由被审计单位发送和回收。（　　）

11. 积极式询证函方式通常比消极式询证函方式提供的审计证据可靠。（　　）

12. 按照会计制度的规定企业只能用备抵法核算坏账损失。（　　）

四、案例分析题

1. 练习收入业务的审计。

审计人员在审查某工业企业2011年1月份主营业务收入明细账时发现有以下问题(该企业A产品单位售价800元，单位成本500元，适用增值税税率17%)。

（1）12日向本单位不独立核算的门市部发出A产品500件，编制会计分录如下：

借：应收账款　　468 000

　　贷：主营业务收入　　400 000

　　　　应交税费　　68 000

（2）29日由本单位固定资产在建工程领用A产品200件，企业编制的会计分录如下：

借：在建工程　　187 200

　　贷：主营业务收入　　160 000

　　　　应交税费　　27 200

请根据上述资料，指出该企业会计处理中存在的错误并提出处理意见。

2. 练习主营业务收入业务的审计。

审计人员在审查某工业企业2011年3月份主营业务收入明细账时发现有以下问题(该企业甲产品单位售价1 000元，单位成本800元，适用增值税率17%)。

（1）25日向本市兴华公司出售甲产品1 000件，其中有60件因质量问题产品被退回，产品已验收入库，未作记录（该销售货款尚未收到）。

（2）29日本单位福利部门领用甲产品200件，编制的会计分录为：

借：应付职工薪酬　　234 000

　　贷：主营业务收入　　200 000

　　　　应交税费　　34 000

请根据上述资料，指出该单位会计处理中存在的错误，并提出处理意见。

3. 练习应收账款询证函方式的选择。

审计人员李立在对大华公司2011年度会计报表审计时，决定对2011年大华公司的债务人乐凯公司截止2011年12月31日所欠23 000元进行函证。经初步审计，大华公司应收账款相关的内部控制是有效的，应收账款预计差错率也较低。

根据以上资料，请回答：

（1）李立应选择何种函证方式?

（2）请代李立起草一份对乐凯公司的函证信。

4. 练习应收账款的函证方法。

审计人员对某公司的2011年12月31日应收账款进行审计时，准备选择以下5个单位进行函证，见下表。

某公司2011年部分应收账款资料

单　　位	金额/万元	账　　龄
A公司	4 500	4年
B公司	60	6个月
C公司	100	4个月
D公司	2 800	2年
E公司	500	1年6个月

根据以上资料，请回答：

（1）请问针对这5个债务人，哪些应该进行积极式函证？哪些应该进行消极式函证？为什么？

（2）若积极式函证没有收到回函，审计人员应采取什么措施?

（3）如果客户E公司回函表示已于2011年12月28日归还欠款，审计人员应如何处理?

项目七 习 题

一、单项选择题（请将最佳选项代号填在括号中）

1. 筹资活动是指企业为满足生存和发展的需要，通过改变企业（　　）及债务的规模和构成而筹集资金的活动。

A. 资产　　B. 负债　　C. 资本　　D. 所有者权益

2. 下列不属于筹资与投资循环主要业务活动的是（　　）。

A. 授权审批　　B. 签订合同　　C. 计算利息或股利　　D. 债券契约

3. 审计人员对负债项目的审计，主要是防止企业（　　）。

A. 低估债务　　B. 高估债务　　C. 低估资产　　D. 高估资产

4. 下列不属于短期借款实质性程序的是（　　）。

A. 获取或编制短期借款明细表　　B. 函证短期借款

C. 检查短期借款的减少　　D. 审查短期借款计划

5. 审查企业长期借款时发现其中一部分将在一年内到期，审计人员应提请被审计单位将一年内到期长期借款在报表中列示为（　　）。

A. 或有负债　　B. 长期负债　　C. 流动负债　　D. 流动资产

6. 为确定"长期借款"账户余额的真实性，函证的对象应当是（　　）。

A. 被审计单位的律师　　B. 金融监管机关

C. 银行或其他有关债权人　　D. 公司的主要股东

7. 会使实收资本增加的业务是（　　）。

A. 以机器设备对外投资　　B. 收到某企业投入的专利权

C. 销售商品实现利润　　D. 从银行取得借款

8. 股份有限公司的股本，是在核定的股份总额范围内，通过向股东（　　）的方式筹集的。

A. 发放股利　　B. 发行股票

C. 收回股票　　D. 用盈余公积发放股利

二、多项选择题（每题有两个或两个以上的答案，请将正确选项代号填在括号中）

1. 筹资与投资循环由（　　）过程中发生的交易和事项构成。

A. 购进活动　　B. 销售活动　　C. 筹资活动　　D. 投资活动

2. 筹资活动主要由（　　）交易构成。

A. 负债　　B. 资产　　C. 借款　　D. 所有者权益

3. 筹资与投资循环的特点是（　　）。

A. 审计年度内筹资与投资循环的交易数量较少

B. 每笔交易的金额较大

C. 漏记或不恰当地对一笔业务进行会计处理，将会导致重大错误

D. 筹资与投资循环交易必须遵守国家法律、法规和相关协议的规定。

4. 筹资与投资活动涉及的主要凭证和会计记录包括（　　）。

A. 债券　B. 股票　C. 借款合同或协议　D. 股东名册

5. 长期借款的实质性程序有（　　）。

A. 获取或编制长期借款明细表　B. 函证长期借款

C. 审查长期借款的使用　D. 审查借款费用的处理

6.（　　）可以用于转增资本。

A. 未分配利润　B. 净利润　C. 盈余公积　D. 资本公积

7. 盈余公积的主要用途有（　　）。

A. 弥补亏损　B. 转增资本　C. 分配股利　D. 转为资本公积

8. 对盈余公积进行实质性程序包括（　　）。

A. 编制或取得盈余公积明细表　B. 审查盈余公积的使用

C. 审查盈余公积的提取　D. 检查盈余公积的披露

9. 投资的审计目标包括（　　）。

A. 确定投资是否存在

B. 确定投资的增减变动及其损益的记录是否完整

C. 确定投资是否归属于被审计单位

D. 确定投资在会计报表上的披露是否恰当

10. 审计人员在对昌盛公司 2011 年度会计报表进行审计时，发现该公司对甲公司的长期股权投资持股比例为 20%，具有重大影响。下列各项处理中正确的是（　　）。

A. 昌盛公司采用成本法核算此项投资，审计人员建议其改为权益法核算

B. 昌盛公司采用权益法核算此项投资，审计人员建议其改为成本法核算

C. 甲公司当年提取法定盈余公积 15 万元，昌盛公司未作处理，审计人员建议其调整长期股权投资的账面价值

D. 甲公司当年增加资本公积 50 万元，昌盛公司在增加长期股权投资账面价值的同时确认为投资收益，审计人员建议其冲减投资收益，调增资本公积

三、判断题（正确的打“√”，错误的打“×”）

1. 筹资与投资循环业务特性包括主要业务活动和所涉及的主要凭证和会计记录。（　　）

2. 筹资与投资循环具有的特点是年度内筹资与投资循环的交易数量较多，每笔交易的金额较大。（　　）

3. 借款是企业承担的现实义务，一般情况下被审计单位不会高估负债。（　　）

4. 长期借款的函证对象是银行或其他金融机构。（　　）

5. 如果长期借款用于构建固定资产，则企业发生的借款费用全部计入相关的固定资产成本。（　　）

6. 进行所有者权益审计时，被审计单位的合同、章程、营业执照等具有法律效力。 ( )

7. 企业减资时，不需通知债权人。 ( )

8. 验证交易性金融资产的真实性方法之一，是获取股票、债券、基金等账户的对账单，与明细账余额核对相符。 ( )

9. 对于重大的投资，审计人员应向银行函证被审计单位的投资额、持股比例及被投资单位发放股利等情况。 ( )

10. 对长期股权投资审计时，还应审查其是否发生了减值。 ( )

四、案例分析题

1. 练习短期借款的审计。

2011 年 6 月审计人员对云海公司负债业务进行审计时，发现该公司于 2011 年 4 月 1 日向当地工商银行借入 3 个月期限的借款 500 000 元，年利率 6%。云海公司的会计处理为：

（1）取得借款时：

借：银行存款　500 000

　　贷：短期借款　500 000

（2）4 月、5 月预提利息时：

借：财务费用　3 000

　　贷：短期借款　3 000

请分析上述资料，提出处理意见。

2. 练习长期借款审计。

审计人员在对科明公司 2011 年报表审计时发现，该企业 2009 年 1 月向当地建设银行借入 300 万元用于构建固定资产，借款期限 5 年，年利率 9%，该项固定资产已于 2011 年 6 月末达到预定可使用状态，检查该企业 12 月 31 份会计凭证时发现第 58 号凭证的摘要为："计算长期借款的借款利息"。会计处理如下：

借：在建工程　270 000

　　贷：应付利息　270 000

请分析上述资料，提出处理意见。

3. 练习盈余公积的审计。

审计人员对中南公司进行审计时，发现该公司 2011 年有注册资本 200 万元，当年将盈余公积转增资本 40 万元，其会计分录为：

借：盈余公积　400 000

　　贷：实收资本　400 000

审计人员查实 2011 年末中南公司盈余公积为零。

请分析上述业务，并编制调整分录。

4. 练习交易性金融资产的审计。

宏达公司 2011 年 8 月购入翰洋股份有限公司的股票 5 万股，每股价格 10 元（该公司作为交易性金融资产处理）。宏达公司共支付存款 515 000 元，其中包括手续费 3 000 元和已宣告但尚未发放股利 12 000 元，宏达公司的账务处理为：

借：交易性金融资产	500 000	
投资收益		12 000
财务费用		3 000
贷：银行存款		515 000

请分析上述资料，提出处理意见。

5. 练习投资收益的审计。

审计人员对阳光公司 2011 年 4 月的投资业务审计时，发现该企业将从联营企业分得利润 200 000 元，会计处理如下：

借：银行存款	200 000	
贷：其他应付款		200 000

请指出上述资料存在的问题，并提出审计意见。

项目八　习　题

一、单项选择题（请将最佳选项代号填在括号中）

1. （　　）是审计委托人作出审计决定的基本依据。

A. 审计法　　B. 审计准则　　C. 会计准则　　D. 审计报告

2. 审计报告的收件人应该是（　　）。

A. 审计委托人　　B. 社会公众　　C. 被审计单位　　D. 被审计单位员工

3. 在我国民间审计中，审计报告的标题统一为（　　）。

A. 注册会计师审计报告　　B. 审计报告

C. 会计师事务所审计报告　　D. 查账报告

4. 内部审计报告属于（　　）。

A. 标准审计报告　　B. 财政财务审计报告

C. 经济效益审计报告　　D. 非公布审计报告

5. 下列可以采用简式审计报告的是（　　）。

A. 国家审计报告　B. 内部审计报告　　C. 民间审计报告　　D. 中期审计报告

二、多项选择题（每题有两个或两个以上的答案，请将正确选项代号填在括号中）

1. 审计报告按照审计主体可以分为（　　）。

A. 外部审计报告　B. 公开审计报告　　C. 国家审计报告　　D. 内部审计报告

2. 审计报告按详细程度分类分为（　　）。

A. 简式审计报告　B. 详式审计报告　　C. 公开审计报告　　D. 非公开审计报告

3. 审计报告的编制要求是（　　）。

A. 客观性　　B. 建设性　　C. 重要性　　D. 完整性

4. 下列关于审计报告的说法中正确的有（　　）。

A. 审计报告是评价审计人员工作、控制审计质量的重要依据

B. 审计报告是审计人员发表审计意见和提出审计建议的载体

C. 审计报告是明确审计人员审计责任的重要资料

D. 审计报告是为国家宏观经济决策服务的重要信息来源

5. 内部审计报告正文的主要内容包括（　　）。

A. 标题　　B. 审计依据　　C. 审计结论　　D. 审计发现

三、判断题（正确的打“√”，错误的打“×”）

1. 内部审计报告的标题统一规定为“审计报告”。　（　　）

2. 审计报告提交之前应当经过一定的复核。　（　　）

3. 注册会计师出具的审计报告具有法定证明效力。 (　　)

4. 审计报告必须采用统一格式和措辞，以便于报告使用者正确理解。 (　　)

5. 详式审计报告内容应该越详细越好。 (　　)

四、简答题

1. 什么是审计报告？审计报告有什么作用？

2. 简述审计报告的分类。

3. 编写审计报告有哪些步骤？